브뢰겔 익살과 풍자로 가득한 풍속화

브뢰겔 익살과 풍자로 가득한 풍속화

이연식 글 | 권은정 미술놀이

예술가들이 사는 마을 6

브뢰겔 익살과 풍자로 가득한 풍속화

초판 1쇄 발행 2015년 9월 18일
초판 3쇄 발행 2019년 6월 10일

글쓴이 이연식
미술놀이 권은정
펴낸이 한혁수

총괄 모계영
편집장 이은아
편집 이예은, 민가진, 한지영
디자인 김세희
마케팅 구혜지, 한소정

펴낸곳 도서출판 다림
등록 1997년 8월 1일(제1-2209호)
주소 07228 서울시 영등포구 영신로 220 KnK 디지털타워 1102호
전화 (02) 538-2913 | 팩스 (02) 563-7739
블로그 blog.naver.com/darimbooks
다림 카페 cafe.naver.com/darimbooks
전자 우편 darimbooks@hanmail.net

ISBN 978-89-6177-114-6   73600
ISBN 978-89-6177-030-9   (세트)

ⓒ 이연식, 2015

*이 책 내용의 일부 또는 전부를 사용하려면 반드시 저작권자와 도서출판 다림의 서면 동의를 받아야 합니다.
*책값은 뒤표지에 있습니다.
*미술놀이 작품을 만드는 데 도움을 주신 해우미술센터 어린이들에게 감사드립니다.

제품명: 브뢰겔-익살과 풍자로 가득한 풍속화	제조자명: 도서출판 다림	제조국명: 대한민국
전화번호: 02-538-2913	주소: 서울시 영등포구 영신로 220 KnK 디지털타워 1102호
제조년월: 2019년 6월 10일	사용연령: 10세 이상

⚠ 주 의
아이들이 모서리에 다치지 않게 주의하세요.

※KC마크는 이 제품이 공통안전기준에 적합하였음을 의미합니다.

차례

돌고 도는 계절　　　　　　　　　　　7

수수께끼에 싸인 화가　　　　　　　29

먹고 마시는 건 즐거워　　　　　　　39

세상을 사는 지혜　　　　　　　　　55

믿음에 대한 그림　　　　　　　　　73

상상의 세계　　　　　　　　　　　87

부록　　　　　　　　　　　　　　103

1. 브뢰겔의 발자취
2. 진솔한 삶을 담은 그림
3. 미술관에 놀러 가요

| 일러두기 |
인명과 지명은 국립국어원의 '외래어 표기법'을 따르되 이미 굳어진 인명의 경우 관례에 따라 표기했습니다.

1

돌고 도는 계절

■ 수록 작품

피테르 브뢰겔 〈사냥꾼의 귀환〉 1565년, 목판에 유화, 162×117cm, 빈 미술사박물관 (9쪽)
피테르 브뢰겔 〈새덫이 있는 겨울 풍경〉 1565년, 목판에 유화, 56×38cm, 윌트셔 윌튼 하우스 (11쪽)
림뷔르흐 형제 〈베리 공작의 귀중한 성무일과서〉 1월 1413~1416년경, 필사본-채색 독피지*, 13.7×22.5cm, 샹티이 콩데 미술관 (16쪽)
림뷔르흐 형제 〈베리 공작의 귀중한 성무일과서〉 2월 1413~1416년경, 필사본-채색 독피지, 13.7×22.5cm, 샹티이 콩데 미술관 (17쪽)
림뷔르흐 형제 〈베리 공작의 귀중한 성무일과서〉 7월 1413~1416년경, 필사본-채색 독피지, 13.7×22.5cm, 샹티이 콩데 미술관 (18쪽)
레오나르도 다빈치 〈모나리자〉 부분 그림 1503~1506년, 목판에 유화, 53×77cm, 파리 루브르 박물관 (22쪽)
피테르 브뢰겔 〈건초 수확〉 1565년, 목판에 유화, 161×117cm, 프라하 로브코비츠 궁(로브코비츠 컬렉션) (23쪽)
피테르 브뢰겔 〈추수〉 1565년, 목판에 유화, 162×119cm, 뉴욕 메트로폴리탄 미술관 (24쪽)
피테르 브뢰겔 〈소 떼의 귀환〉 1565년, 목판에 유화, 159×117cm, 빈 미술사박물관 (26쪽)
피테르 브뢰겔 〈잔뜩 흐린 날〉 1565년, 목판에 유화, 163×118cm, 빈 미술사박물관 (27쪽)

*독피지 송아지 가죽으로 만든 종이

지친 몸을 끌고
돌아오는 사냥꾼들과
지칠 줄 모르고
노는 아이들

겨울 그림 아이들에게 겨울은 즐거운 계절이야. 겨울 방학이 있으니까. 방학 중에도 학원에 가고 숙제를 하느라 할 일이 많아. 그래도 겨울 방학을 떠올리면 설레지. 눈이 오면 눈싸움을 하거나 눈사람을 만들고, 내리막길에서 썰매를 탈 수도 있으니 말이야. 옷깃을 제대로 여미지 않아 친구가 던진 눈덩이에 속옷까지 젖고, 목도리와 모자도 없이 차가운 바람에 얼굴이 빨갛게 언 채 돌아오면 어머니께 꾸지람을 듣지만 마음은 즐겁지.

〈사냥꾼의 귀환〉은 그런 겨울의 모습을 담은 그림이야. 멀리 얼어붙은 연못 위에서 아이들이 모여 놀고 있네. 팽이도 돌리고 썰매도 타고, 줄지어 스케이트도 타는군. 어떤 아이는 하키 스틱을 들고 있어. 네덜란드를 비롯한 유럽 북부 지역에서는 추운 기후 탓에 겨울 스포츠가 일찍부

소년들이 돌덩이를 보며 각도를 재고 있어.

터 발달했어. 앞쪽에 세 명의 소년이 서서 뭔가를 내려다보고 있어. 소년들이 하는 게임은 바로 '컬링'이야. 편을 나누고 돌덩이를 밀어 점수를 내는 거지. 지난 동계올림픽에서 화제가 되기도 했던 종목이야. 바로 곁에서는 어린아이들이 팽이를 돌리고 조금 더 앞쪽으로 내려오면 앞치마를 두른 두 소녀가 썰매를 타고 있어. 그 곁에서는 소년이 새총으로 새를 겨누고 있네.

브뢰겔이 그린 또 다른 겨울 그림을 볼까? 〈새덫이 있는 겨울 풍경〉이라는 그림이야. 이 작품 역시 멀리 얼어붙은 강 위에서 갖가지 겨울 놀이를 하는 아이들을 그렸어. 제목에 나오는 새덫이 어디 있나, 찾아볼까? 새덫은 그림 오른편 구석에 보이네. 널빤지를 나무 막대로 비스듬히 세워 놓고 그 밑에 새 모이를 놓아두었어.

예전에는 곧잘 새를 잡아 구워 먹었단다. 고기가 귀한 시절에 새는 고기 맛을 볼 수 있는 좋은 간식거리였지. 물론 새를 잡는 건 쉬운 일이 아니었어. 새총이란 게 그리 잘 맞질 않는 데다, 새들이 워낙 재빨리 날아가 버리니까. 그래서 이처럼 덫을 준비해서 새를 잡으려고 했어. 나무 막대를 묶은 줄을 따라가면 조금 떨어진 집의 창문으로 줄이 이어져. 집 안이 어두워서 보이지 않지만, 누군가 줄 끝을 붙잡고 있을 거야. 새들이 널빤지 안쪽으로 더 깊이 들어가는 순간을 노려 줄을 잡아당기려고 숨죽이며 지켜보고 있겠지. 문짝을 뜯어 만든 덫은 무척 엉성해 보여. 과연 새를 잡을 수 있을까? 하고 궁금해지지.

아이들은 걱정 없이 얼음 위에서 놀고 누군가는 간식거리를 생각하고 있겠지.

줄 끊일 잡은 누군가는 지금쯤 두근두근할 거야.

〈새덫이 있는 겨울 풍경〉은 제목에 '새덫'이 들어가지만 새덫은 그림 구석에 조그맣게 그려져 있어. 대개 그림에서 가장 중요한 요소가 그림의 한복판에, 누가 봐도 분명히 알 수 있도록 큼지막하게 그려지는 것과는 다르지.

지금까지 본 작품만으로도 눈치챘겠지만, 브뢰겔이 그린 그림은 뭘 보여 주고 싶은지 짐작하기 어려워. 사실 '새덫이 있는 겨울 풍경'이라는 제목도 브뢰겔이 붙인 게 아니야. 브뢰겔이 살던 시대에 대부분의 화가들은 작품에 제목을 붙이지 않았어. 후대 사람들이 그림에 담긴 내용을 바탕으로 적당히 제목을 정한 거지. 제목이 없으면 미술관에서 그림을 정리하기가 어려워. 그렇다고 '브뢰겔 03번 그림'처럼 제목을 붙일 수는 없는 노릇이지. 번호만 보고 어떤 그림인지 구분하기는 어려울 테니까. 그래서 그림에서 두드러지거나 인상적인 부분을 가리키는 제목을 붙인 거야.

고달픈 계절

앞의 작품과 마찬가지로 〈사냥꾼의 귀환〉도 주인공인 사냥꾼들은 왼편 구석에서 이제 막 등장했어. 발목까지 쌓인 눈에 푹푹 빠지면서 멀리 숲에서부터 마을 어귀까지 줄곧 이런 모습으로 걸어왔나 봐. 얼핏 보기에 그림에서 별로 중요한 사람들이 아닌 것 같지. 게다가 사냥꾼들은 다들 뒷모습만 그려져 있어 얼굴은 보이지 않지만 숲에서 이리저리 뛰어다니느라 무척 피곤한 표정일 거야.

사냥꾼들 곁에는 많은 사냥개들이 함께 걸음을 옮기고 있어. 사냥꾼들과 함께 돌아오는 개들 틈에는 강아지도 끼어 있어. 강아지들도 사냥터까지 따라갔다 온 모양이야. 하지만 오늘 잡은 거라곤 사냥꾼의 등에 걸친 여우 한 마리로군. 이래서야 어떻게 식구들을 먹이고 살림을 꾸려 나갈지……. 마을로 향하는 사냥꾼들의 뒷모습에는 시름이 깃들어 있는 것 같아. 반면에 멀리서 신나게 노는 아이들의 모습은 세상 걱정 없이 즐거워 보이는군.

준비물
수틀, 천, 색연필

〈사냥꾼의 귀환〉에 나오는 사냥꾼들은 뒷모습밖에 보이지 않아. 사냥꾼들은 어떤 표정을 짓고 있을까? 많은 사냥감을 잡지 못해 기분 나쁜 표정을 짓고 있을 수도 있고 추위에 떨어서 지친 표정일지도 몰라.

색연필을 이용해 천에 여러 가지 표정의 얼굴을 그려 보자. 표정을 떠올린 다음에는 피부색과 눈동자의 색, 눈과 코, 입의 모양, 머리카락, 나이까지도 상상하며 그리면 훨씬 다양한 모습을 그릴 수 있어. 그림이 그려진 천을 수틀에 넣으면 멋진 액자가 되지.

준비물
우드락, 종이, 오일파스텔이나 크레파스, 색연필

이번에는 사냥꾼의 얼굴을 상상해 보자. 사냥꾼은 나이가 조금 많은 아저씨이고 머리엔 모자를 써서 머리카락은 잘 보이지 않지만 짙은 고동색이야. 얼굴은 크고 턱이 길어. 이마에는 깊은 주름이 있고 코는 크고 뾰족해. 눈동자는 밝은 갈색이고 눈 밑에는 주름이 여러 개 보여. 윗입술은 얇지만 아랫입술은 조금 도톰하고 추워서 파랗게 질려 있어. 피부색은 햇볕에 그을린 옅은 갈색이야. 사냥에 실패해서 시무룩한 표정을 짓고 있어. 너희들도 이런 식으로 특징을 하나씩 적은 다음에 그림을 그려 보면 훨씬 풍부하게 표현할 수 있을 거야.

다양한 표정의 사냥꾼 그림을 오려 입체 작품으로 만들어 보았어. 색다른 느낌이 들지 않니?

〈사냥꾼의 귀환〉은 브뢰겔이 계절마다 달라지는 농촌의 모습을 그린 '연작' 중 한 점이야. '연작'이란 요즘 '시리즈'라는 말로 더 많이 쓰이는데, 서로 관련된 주제를 한 묶음으로 만든 작품이지. 공통된 주제를 가지고 있지만 한 작품씩 따로 보아도 좋아. 브뢰겔의 '연작'은 원래 한 해 동안 농촌 사람들의 모습을 두 달에 하나씩 묶은 여섯 점의 그림으로 이루어졌을 거야. 하지만 안타깝게도 오늘날 남아 있는 작품은 다섯 점뿐이야. 나머지 한 점은 발견되지 않았거든. 〈사냥꾼의 귀환〉은 사계절 연작 중 겨울을 나타낸 그림이고, 뒤이어 보게 될 〈건초 수확〉, 〈추수〉, 〈소 떼의 귀환〉, 〈잔뜩 흐린 날〉도 이 연작에 속해.

브뢰겔의 연작은 중세 유럽의 '달력 그림'과 관련이 있어. 오늘날 달력에는 흔히 날짜와 함께 각각의 계절 모습을 담은 풍경 사진이 들어 있지. 사진이 없던 옛날에는 풍경을 그린 그림을 넣었어. 그런데 산이나 계곡, 건축물이 아니라 그때그때 농촌에서 해야 할 일을 그린 그림이었어. 달력 그림은 한가롭게 감상하기 위한 게 아니라 일 년 동안 할 일들을 정리하고 살림살이를 짜임새 있게 꾸려 가는데 필요한 물건이었거든. 브뢰겔의 그림은 이런 '달력 그림'에서 발전된 거야.

또 다른 달력 그림 브뢰겔보다 앞서 유명했던 달력 그림으로 〈베리 공작의 귀중한 성무일과서〉가 있어. '성무일과서'는 그때그때 올려야 할 여러 가지 기도문을 정리하고 시기에 맞는 그림을 넣은 책이야. 제목 그대로 중세 프랑스의 귀족이었던 베리 공작이 주문한 그림이지. 당시에 그림

새해 초부터 진수성찬을 즐기는 귀족들

을 잘 그리기로 명성이 높았던 림뷔르흐 형제(The Limbourg Brothers)가 그림을 그렸는데 주문받은 그림을 삼 형제가 함께 그려 완성했어.

화려하게 차려입은 사람들이 갖가지 음식이 놓인 테이블 앞뒤로 앉거나 서서 음식을 고르고 있는 장면이 1월의 모습이야. 테이블 건너편에 앉은, 털모자를 쓴 묵직한 인상의 남자가 바로 이 그림을 주문한 베리 공작이야. 한창 추운 때지만 귀족들은 여유롭게 음식을 맛보고 있어. 그렇다면 농민들은 겨울을 어떻게 보냈을까?

2월 장면은 농민들의 모습을 담았어. 왼편에는 건물 안에서 불을 쬐며 앉아 있는 사람들이 보여. 중앙에는 양들이 빽빽하게 모여 있는 우리가 있고, 그 위쪽으로 도끼로 나무를 찍는 사람이 보이는군. 이 그림에는 조금 이상한 점이 있어. 우리는 건물의 바깥 모습과 안쪽의 모습을 동시에 볼 수 없는데 이 그림에서는 마치 벽을 통째로 뜯어낸 것처럼 안쪽이 훤히 보이거든. 이런 점이 중세 유럽에서 그려진 그림의 특징 중 하나야. 림뷔르흐 형제는 이 장면이 이치에 맞지 않다는 걸 알면서도 그림을 보는 사람에게 더 많은 것을 보여 주기 위해 이렇게 그린 것이지.

추위를 피해 몸을 녹이는 농민들

여름에는 보리를 베고 양털을 깎느라 바쁘지.

　겨울이 지나면 농민들은 밭을 갈고 씨를 뿌리느라 바빠져. 림뷔르흐 형제의 그림을 하나 더 보자. 〈베리 공작의 귀중한 성무일과서〉 중 7월 장면이야. 남자들이 땡볕 아래 보리를 베고 있고, 한켠에서는 여자들이 양털을 깎고 있어. 다들 고개를 숙이고 묵묵히 일하고 있군. 멀리 귀족과 왕이 사는 성이 보이네. 다른 장면에는 멋진 옷을 입고 놀러 가는 귀족들과 연회 장면도 나와. 당시의 귀족과 왕은 농민이 힘들게 일한다는 걸 잘 알고 있었어. 늘 곁에서 봤으니까. 하지만 그들은 농민이 고생하는 걸 당연하게 여겼어. 태어날 때부터 귀족과 농민은 정해져 있고 농민에게는 농민의 일이, 귀족에게는 귀족의 일이 있다고 생각한 거지. 애초에 이 〈성무일과서〉는 기도문을 정리하기 위한 목적도 있었지만 베리 공작이 자신의 토지와 성을 보며 흡족해하기 위해 주문한 책이야. 하지만 림뷔르흐 형제는 공작이 이 책을 볼 때마다 농민들이 얼마나 고생을 하는지 떠올리게 만들고 싶었던 것 같아.

봄에는 모내기를 하고
가을에는 추수하는
그림을 그렸어.

준비물
달력이나 직접 만든
달력, 채색 도구

요즘 달력에는 유명한 화가의 그림은 물론이고 다양한 그림과 사진 작품도 들어가고 캐릭터 달력, 일러스트 달력 등 종류도 굉장히 많아. 너희들이 달력을 만든다면 어떤 달력을 만들고 싶니? 브뢰겔처럼 계절의 모습을 알 수 있는 그림을 그려도 좋아. 시골에 할아버지 할머니가 사신다면 시골 풍경을 담아도 좋을 것 같아. 논에서 모내기나 추수를 하는 풍경, 메주를 만들거나 김장을 하는 모습을 그리는 거야.

직접 그림을 그려 넣어서 만든 달력은 선물하는 게 어떨까? 멀리 계시는 할아버지, 할머니나 이사를 간 친구에게 보내는 거야. 세상에 하나뿐인 달력이니 받으면 기뻐할 거야.

기념일 그림을 넣어
달력을 꾸몄어.

림뷔르흐 형제가 농민을 그린 지 백 년 남짓 지나서 브뢰겔은 '사계절' 연작을 그렸어. 림뷔르흐 형제의 그림과 브뢰겔의 그림이 그려지는 사이에 많은 일이 있었지. 무엇보다 유럽 사회의 전반적인 분위기가 달라졌어. 귀족 세력이 약해지고 도시 사람들, 즉 시민들의 힘이 커진 거야. 귀족에 비해 시민들은 실리를 추구하고 실용적인 방향으로 생각을 했어. 귀족들은 스스로를 화려하게 치장해서 재산과 권세를 뽐냈지만, 시민들은 겉으로 보이는 것보다는 실속을 차리는 것이 더 중요하다고 생각하는 편이었지.

시민들 중에는 농촌에서 온 사람들이 많았어. 그들은 더 이상 농사를 짓지 않고 가게를 운영하거나 뭔가를 만들어서 팔고, 물건을 운반하는 일을 했지. 그래도 농사를 짓던 시절의 기억을 간직하고 있었어. 농사 지은 부모 밑에서 자라 어렴풋이 농민의 생활 습관을 기억하는 사람들도 있었지.

브뢰겔은 도시에서 태어나 자랐다고 알려져 있어. 당연한 말이겠지만, 미술가들은 대부분 도시에서 활동을 했어. 농촌 사람들은 비싼 값을 치르고 그림이나 조각을 구입하지 않았기 때문이지. 브뢰겔은 농촌을 돌아다니면서 농민들의 모습을 그렸어. 그리고 이 그림을 도시 사람들에게 팔았지. 도시 사람들은 농촌 사람들의 모습을 보면서, 자신들이 먹는 빵과 채소와 고기가 만들어지는 곳과 사계절에 대해 생각했지. 설령 도시에 산다 해도 어디까지나 그들의 뿌리는 땅에 박혀 있기 때문이야. 도시 사람들은 고된 노동을 통해 먹거리를 공급하는 농민들에게 존경을 표하기도 했지만, 한편으로는 직접 땀을 흘리며 일을 해야 하는 처지에 있는 사람들을 업신여기기도 했어.

준비물
두꺼운 도화지,
지점토, 수채화 도구

브뢰겔의 연작 그림을 보면 당시 농촌의 풍경과 계절의 변화를 알 수 있어. 계절에 따라 색의 표현이나 느낌이 달라지거든.

우리가 살고 있는 대한민국은 사계절이 있지만 기후가 변하면서 점점 봄과 가을을 느끼기 힘들고 여름과 겨울이 길어지고 있는 것 같아. 언제든지 우리나라의 아름다운 사계절을 떠올릴 수 있도록 그림으로 남겨 보면 어떨까?

산이나 숲처럼 나무가 있는 곳이라면 계절의 변화를 더 쉽게 표현할 수 있어. 계절의 변화를 표현하기 위해서는 관찰이 중요해. 지금 바깥에 있는 나무의 나뭇잎은 어떤 색을 띠니? 하늘은 어떤 색에 가깝니? 햇살이 환하게 비추고 있니? 아니면 잔뜩 흐리니? 세심하게 관찰하면 더 많은 표현을 할 수 있을 거야.

그리고 싶은 장면을 정했으면 두꺼운 도화지에 밑그림을 그려. 그다음 입체적으로 나타내고 싶은 부분에 지점토를 붙이고, 다양한 색의 물감으로 계절의 느낌을 표현해 보자. 정답은 없어. 눈에 비친 모습을 표현하고 자신의 생각을 담아내면 되는 거니까.

지점토와 물감으로
산의 사계절을 표현해 보았어.

여름 풍경 〈건초 수확〉은 브뢰겔의 사계절 연작 중 7월에 해당하는 장면을 담은 그림이야. 그림 왼편 구석에 앉아 있는 남자는 커다란 낫을 망치로 두드리고 있군. 풀을 벨 때 사용하는 낫인데 날을 고정시킨 못이 헐거워져서 손보고 있는 거야. 뒤편으로는 갈퀴를 든 사람들이 여럿 보여. 낫으로 베어 넘어뜨린 풀을 모아 마차에 산더미처럼 쌓아 올리고 있어. 건초는 말이나 소의 먹이가 되기 때문에 마차로 싣고 가서 창고에 보관해 두는 거야.

건초를 베는 사람들 뒤로 농촌의 모습이 오르락내리락 펼쳐지네. 우물이 있는 농가 뒤로 잎이 무성한 나무들과 교회가 보이고 높은 바위산이 자리 잡고 있어. 멀리로는 야트막한 언덕들과 그 사이로 흐르는 강, 솟아 있는 산이 이어지는군. 그림을 보고 있으면 눈길이 먼 곳의 풍경을 한없이 따라가게 돼. 멀리 있는 사물이 작게 보이고 가까이 있는 사물이 크게 보인다는 정도는 누구나 알지. 그런데 풍경을 더욱더 실감 나게 표현할 수 있는 방법이 있어. 바로 색을 이용하는 거야. 레오나르도 다빈치는 숲이나 산이 멀리 있을수록 푸른 빛을 띠면서 희미하게 보인다는 점을 발견했어. 이 그림에서도 푸르스름하게 그려진 산은 흐릿하게 멀어지는 것 같아.

다빈치의 〈모나리자〉

그림 앞쪽으로 세 명의 여인이 갈퀴를 들고 활기찬 얼굴로 걸어가고 있어. 이들과 엇갈려서 과일 바구니를 머리에 인 남녀가 마을을 향해 걸어가네. 과일이 가득 든 커다란 바구니를 말에게 끌게 하고는 말 등에 올라탄 여인도 보여. 이렇게 과일이 가득한 걸 보니 여름이겠지. 과

일을 도시로 보내려고 서두르고 있는 거야. 냉장고가 없던 시절에 길에서 시간을 지체했다가는 과일이 썩어 버릴 테니까. 요즘에는 먼 나라의 음식과 과일까지도 배와 비행기, 트럭으로 금방 실어 올 수 있고, 냉장고를 열면 과일, 주스, 아이스크림을 맛볼 수 있지만, 옛날 사람들은 음식과 과일을 운반하고 보관하느라 골치를 썩였지. 풍년이 들어도 마냥 좋아할 수만은 없었어. 음식을 오래 보관할 수 없으니 이듬해 흉년이 들면 먹을 것이 없었거든.

한편에서는 건초를 모으고 다른 한편에서는 과일을 나르고 있어.

일을 하고 먹는 음식처럼 맛있는 게 또 있을까?

〈추수〉는 8월의 모습이야. 아시아에서 쌀이 주식이듯이 유럽에서는 밀로 빵과 과자를 만들지. 밀을 수확한다는 건 한 해 농사의 결실을 맺는 거야. 〈건초 수확〉에서 등장했던 커다란 낫이 여기서도 보여. 낫이 지나간 자리는 짚단이 놓인 공터가 되는군. 나무 그늘에는 사람들이 모여 새참을 먹고 있네. 그릇을 기울여 입에 대고 먹는 사람도 있어. 아마도 빵을 잘게 잘라 우유에 담가 먹는 것 같아. 한 켠에서는 우유를 항아리째로 들이켜고 있어. 누워서 낮잠 자는 사람도 있군. 농촌에서 흔히 볼 수 있는 모습이야. 그런데 한쪽에서는 한창 낫을 휘두르고 있는데, 누군가는 둘러앉아 새참을 먹거나 잠을 자고 있는 게 이상하지 않니? 일을 하거나 먹고 쉴 때는 모두 함께하니까 말이야. 브뢰겔은 농촌 사람들이 일하는 모습을 실감 나게 그리면서도 농사짓는 사람들의 여러 모습을 함께 보여 주기 위해 이런 식으로 화면을 구성했어.

늦가을과 한겨울 〈소 떼의 귀환〉은 10월의 모습을 그린 그림이야. 여름에는 소들을 너른 들판에 놓아 길렀지만 추워지면 먹이가 없어지니 겨울용 축사로 들여보내는 거야. 멀리 웅장한 산을 배경으로 소몰이꾼들이 장대로 소들을 몰고 있어. 이 소들은 앞서 모아 둔 건초를 먹으며 겨울을 보내게 될 거야. 늦가을에는 소뿐만 아니라 사람들도 겨울을 대비해 식량을 준비해야 해. 겨울에는 신선한 과일이나 야채를 구할 수 없고, 미리 말리거나 조리해 둔 음식을 먹으며 지내야 하니까. 하지만 겨울은 기온이 낮아 음식을 오래 보관할 수 있다는 이점도 있어. 짐승을 도축하는 일

날이 추워지자 소들을
축사로 들여보내.

을 주로 늦가을에 했던 것도 그런 이유에서야. 자연이 곧 냉장고인 셈이니 고기를 오래 두고 먹을 수 있었지. 음식을 오래 보존하기 위해 소금에 절이는 방법을 사용하기도 했어.

〈잔뜩 흐린 날〉은 2월의 모습을 그린 그림이야. 두 남자가 울타리를 짜기 위해 버드나무 가지를 잘라서 묶고 있어. 그 곁에는 종이 왕관을 쓴 아이가 보이고, 앞에서는 와플을 먹고 있는 남자가 있어. 종이 왕관이나 와플 모두 사육제를 위한 거야. 사육제는 예수님이 겪은 고난을 기리는 '사순절'에 앞서 한껏 먹고 마시면서 보내는 기간으로 이때 갖가지 공연과 가장행렬 따위를 즐기곤 하지. 그런 사육제를 앞두고 있으니 활기를 띨 법도 하지만 그림 속 풍경은 스산해.

흐린 하늘 저 멀리
봄이 다가오고 있을 거야.

　앞서 본 〈베리 공작의 귀중한 성무일과서〉에서 농민들이 장작을 준비하고 불을 쬐는 장면도 2월이었어. 그 장면에서는 사방이 눈으로 덮여 있었는데, 이 그림에서는 눈이 보이지 않아. 브뢰겔의 그림과 림뷔르흐 형제의 그림은 서로 다른 지역을 그린 걸까? 사실 이 그림을 자세히 보면 눈이 그려져 있어. 멀리 보이는 산이 눈으로 덮여 환하게 빛나고 있지. 산 위로는 검은 구름이 가득한데, 눈을 몰고 오는 구름이야. 2월은 추위가 한풀 꺾이며 겨울이 조금씩 물러가는 시기야. 하지만 계절은 칼로 자른 듯이 바뀌지 않지. 아직도 겨울바람이 거세게 불고 있군. 그림 속에서 멀리 돌아 흐르는 강 위에는 배가 아찔할 정도로 위태롭게 흔들리고 있어.

준비물
나무 판, 유화물감, 붓, 테레핀유, 오일 파스텔 또는 크레파스

16세기에는 주로 나무 판에 유화물감을 이용해 그림을 그렸어. 요즘에는 유화를 그릴 때 나무 판이 아닌 캔버스를 사용하지만 브뢰겔처럼 나무 판에 그림을 그리면 어떤 느낌이 들까 궁금하지 않니?

크레파스로 그림을 그리고 테레핀유를 덧발랐어.

목공소에서 얇은 나무 판을 재단해 그림을 그려 보았어. 유화물감으로 그림을 그릴 때는 소나무에서 추출한 테레핀유라는 기름을 사용해. 붓에 묻은 물감을 닦을 때도 기름이 필요하고 유화물감의 색을 섞을 때도 기름이 필요해. 집에서 유화를 그릴 때는 준비를 잘해야 돼. 유화물감은 잘 지워지지 않거든.

오일파스텔이나 크레파스로도 그림을 그려 봐. 오일파스텔이나 크레파스로 그림을 그린 다음 테레핀유를 붓에 묻혀 문지르면 색이 부드럽게 퍼지는 효과를 줄 수 있어. 나무 판에 다양한 재료로 그림을 그려 보면 색다른 느낌의 그림이 될 거야.

오일파스텔로 그리고 테레핀유를 덧발랐어.

스키를 타고 멋지게 내려오고 있어.   유화물감으로 그린 나무

2

수수께끼에 싸인 화가

■ 수록 작품
피테르 브뢰헬 〈화가와 그림 수집가〉 1565년경, 종이에 펜과 잉크, 21.5×25.5cm, 빈 알베르티나 미술관 (31쪽)
피테르 브뢰헬 〈알프스 풍경〉 1553년경, 종이에 펜과 잉크, 34×24cm, 파리 루브르 박물관 (33쪽)
히에로니무스 보스 〈구두쇠의 죽음〉 1485~1490년경, 목판에 유화, 31×93cm, 워싱턴 국립미술관 (34쪽)
소(小) 피테르 브뢰헬 〈세례자 요한의 설교〉 1601년경, 목판에 유화, 175×111cm, 트리어 라이니셰스 박물관 (36쪽)
피테르 브뢰헬 〈세례자 요한의 설교〉 1566년경, 목판에 유화, 160.5×95cm, 부다페스트 제무베제티 박물관 (37쪽)
얀 브뢰헬 〈꽃이 있는 정물〉 1600~1625년경, 목판에 유화, 87×114cm, 암스테르담 국립미술관 (38쪽)

피테르 브뢰겔 그의 삶에 대해서는 알려진 게 거의 없어. 피테르 브뢰겔(Pieter Bruegel)은 1525~1530년 사이에 네덜란드의 브라반트 지방에서 태어났다고 추측할 뿐이야. 브뢰겔은 어린 나이에 안트베르펜의 화가 피테르 쿠케(Pieter Coecke)의 작업실에 견습생으로 들어갔다고 해.

이때의 화가들은 미술 대학에 입학하거나 공모전 입상을 통해 화가가 되는 것은 아니었지만 나름대로 순서가 있었어. 첫 번째 단계는 견습생이야. 앞서 활동하는 화가 밑에서 그림을 배우는 과정으로 오늘날의 미술 학원과 비슷하다고 생각하면 돼. 다른 점이 있다면 견습생은 학원생이자 조수의 역할까지 했어. 보통 열 서너 살 무렵에 견습생으로 들어가는데, 막 견습생이 되면 그림을 그리는 데 필요한 재료를 준비하거나 화실을 청소하고, 잔심부름을 하게 돼. 그러다가 어느 정도 실력을 쌓으면 조수 노릇을 하면서 화가가 커다란 그림을 그릴 때 덜 중요한 부분을 맡아 그리기도 했지. 쿠케는 브뢰겔을 좋게 보았던 것 같아. 뒷날 브뢰겔이 쿠케의 딸인 마이켄과 결혼을 한 걸 보면 말이야. 견습생은 화가의 집안일을 도우면서 아이들을 돌보기도 했는데, 브뢰겔도 견습생 시절에 어린 마이켄을 귀여워하면서 보살폈다고 해.

붓을 든 화가가 브뢰겔이야.

이런 과정을 거친 뒤, 비로소 자신의 작업실을 차리고 화가로서 활동을 시작하는 게 두 번째 단계야. 이때 화가로서 인정을 받으려면 미술가들의 동업 조합에 가입해야 했어. 중세에는 다양한 동업 조합이 있었어. 상인들은 취급하는 품목에 따라 여러 조합을 만들었지. 예를 들어 양털을 취급하는 상인들은 양털 상인 동업 조합을 만들고 신발을 만드는 장인들은 제화공 동업 조합을 만든 거야. 미술가들의 동업 조합은 '성 루카 길드'라고 불렀어. 여기서 '길드'란 '동업 조합'이라는 뜻이야. 성 루카는 신약 성경의 세 번째 복음서를 쓴 성인의 이름인데, 성모 마리아의 모습을 그렸다는 전설이 있어서 화가들의 수호 성인으로 모셨거든. 브뢰겔은 1551년에 안트베르펜의 성 루카 길드에 가입했지.

이탈리아 여행 세 번째 단계는 외국 여행이야. 물론 자신이 태어난 곳에 머물면서 활동한 화가들도 많았어. 하지만 더 나은 그림을 그리려는 욕심을 가진 화가들은 여행을 떠나곤 했지. 이 무렵에는 이탈리아의 수준이 가장 뛰어나다고 알려졌기 때문에 많은 화가들이 이탈리아로 가서 공부를 했어. 브뢰겔도 20대 중반쯤 되었을 때 프랑스를 거쳐서 이탈리아에 갔어. 그리고 당시에 가장 뛰어난 예술가라고 존경받았던 미켈란젤로의 작품을 보면서 그림을 연구했지.

브뢰겔이 이탈리아에 다녀왔다는 사실은 그의 그림을 통해 짐작할 수 있어. 브뢰겔이 살았던 플랑드르 지역은 낮고 완만한 언덕밖에 없는데 그의 그림에는 멀리 높고 험준한 산이 그려진 경우가 많거든. 산기슭을 걷

웅장한 알프스 산맥이 느껴지니?

는 사람들도 자주 보이는데 이 모습은 브뢰겔이 이탈리아를 오가면서 본 알프스 산맥일 거라고 짐작하게 해.

브뢰겔의 그림은 비슷한 시기에 활동했던 플랑드르 화가들의 그림에 비해 원근법이 정확하고 화면이 균형 잡혀 있어. 이런 점은 이탈리아 화가들의 그림을 연구하면서 받아들인 것이라고 할 수 있어. 하지만 이런 몇 가지 점을 제외하면 브뢰겔의 그림만 보고 이탈리아 화가들의 작품을 떠올리기는 어렵지.

보스와 브뢰겔 브뢰겔이 큰 영향을 받은 화가는 따로 있었어. 그

죽음 앞에서는
돈도 아무 소용없어.

는 히에로니무스 보스(Hieronymus Bosch, 1450년경~1516)라는 화가야. 기이하고 환상적인 그림을 그렸던 보스는 여러모로 수수께끼 같은 사람이었어. 보스가 그린 〈구두쇠의 죽음〉에는 신비롭고도 기괴한 이들이 등장해. 침대 앞쪽에는 아직 기력이 있는 구두쇠가 상자에 금화를 던져 넣고 있어. 주변 사람들에게 인색하게 굴면서 긁어모은 돈이겠지. 그런데 마치 쥐처럼 생긴 괴물이 돈을 자루째로 빼돌리려 하고 있어. 뒤쪽에는 이제 기운이 다해서 죽음을 앞둔 구두쇠가 침대에 앉아 있어. 죽음의 사자가 문을 열고 들어서고 있지. 그런 와중에 두꺼비처럼 생긴 괴물이 침대 아래쪽에서 기어 나와서는 그의 돈을 거두어 가는군. 죽는 순간이 되자 재산은 아무짝에도 쓸모없게 되었어. 천사가 구두쇠에게 고개를 들어 창문에 걸린 십자가를 보라고 권하고 있고, 침대 위쪽에서는 악마의 부하가 이 모습을 내려다보고 있어.

그는 마지막 순간에라도 뉘우치고 천국으로 올라갈 수 있을까? 아니면 끝까지 재물에 집착하다가 악마들에게 끌려가게 될까? 그림을 보는 사람은 다음 순간에 벌어질 일을 알 수 없지. 보스의 그림에는 세상에 대한 비관적인 태도가 담겨 있어. 그림 속의 인물들은 어리석고, 늘 눈앞에 있는 음식이나 재물에만 욕심을 내느라고 세상이 어떻게 돌아가는지, 자신들이 이후에 어떻게 될 건지 생각하지 않아. 보스의 그림을 보면 뒤에 브뢰겔이 보여 주는 신비하고 기이하고 다소 무섭기까지 한 그림들과, 어리석은 사람들을 담은 그림을 떠올리게 돼. 브뢰겔은 보스의 화풍을 이어받아서 더욱 현실적인 모습으로 그려 냈다고 할 수 있지.

브뢰겔의 아들들

브뢰겔은 사람들에게 교훈을 주는 그림을 그렸고, 이 그림들을 판화로 만들어 판매하면서 조금씩 유명해졌어. 1563년에 브뢰겔은 브뤼셀에서 스승의 딸인 마이켄과 결혼했어. 그때 브뢰겔은 30대 중반이었으니까 당시에는 늦게 결혼한 편이었지. 이듬해 첫째 아들이 태어났는데, 아버지의 이름을 물려줘 피테르라고 불렀지. 지금은 아버지와 구분하기 위해 '피테르 브뢰겔 2세'라고도 하고 '아들 브뢰겔', 소(小) 브뢰겔'이라고도 해. 4년 뒤인 1568년에는 둘째 아들 얀이 태어났어. 두 아들은 모두 화가가 되었어. 하지만 얀이 태어나고 다음 해에 브뢰겔이 세상을 떠났으니까, 아버지에게 직접 그림을 배우지는 못했지.

첫째 아들 피테르는 '지옥의 브뢰겔'이라는 별명이 붙었어. 아버지가

그린 무시무시한 그림에서 영향을 받아 지옥을 비롯한 무섭고 끔찍한 장소를 그린 그림으로 알려졌지. 피테르는 아버지의 그림에서 주제를 가져오거나 그림을 똑같이 베껴 그렸기 때문에 아들이 그린 그림과 원작을 구분하기가 어려운 경우도 종종 있었어. 이런 이유로 아버지의 그림이나 따라 그린 아들이라고 손가락질을 받기도 하지만, 당시에는 전혀 문제되는 일이 아니었고 지금은 아들 피테르가 베껴 그린 그림 덕분에, 없어진 원작을 짐작할 수도 있지. 아버지의 그림을 따라 그린 건 어쩌면 어릴 때 일찍 세상을 떠난 아버지를 추억하는 방식이었을지도 몰라.

둘째 아들 얀은 '벨벳의 브뢰겔', '꽃의 브뢰겔' 같은 별명으로 불렸는데, 벨벳 같은 화려한 사물의 질감을 사실적으로 묘사하는 재주가 뛰어

두 그림에서
다른 점을 찾아 봐.

났고, 튤립을 비롯한 꽃도 잘 그렸어. 과일과 나무가 가득한 낙원을 잘 그려서 '낙원의 브뢰겔'이라고 불리기도 해.

아들들뿐만 아니라 나중에 브뢰겔의 손자들도 화가가 되었단다. 브뢰겔이 어떤 사람이었고, 어떤 삶을 살았는지에 대해서는 여전히 알려진 게 별로 없어. 하지만 분명한 건 그가 따뜻한 시선으로 사람들을 보았다는 점이야. 때로는 어리석은 생각을 하고 잘못을 저지르기도 하지만 그 모습까지도 사랑했던 그의 마음이 그림을 통해 느껴지지. 자신의 시대를 관찰하고 사람들의 삶을 꾸밈없이 묘사했던 브뢰겔의 그림은 이후 많은 화가들에게 영향을 끼쳤어.

얀은 꽃을 그리는 솜씨가 뛰어났어.

3

먹고 마시는 건 즐거워

■ 수록 작품
피테르 브뢰겔 〈농민의 결혼 잔치〉 1567~1568년, 목판에 유화, 164×114cm, 빈 미술사박물관 (41쪽)
야코프 요르단스 〈콩 임금〉 1640~1645년, 캔버스에 유화, 300×240cm, 빈 미술사박물관 (45쪽)
피테르 브뢰겔 〈농민 결혼식의 춤〉 1566년경, 목판에 유화, 157×119cm, 디트로이트 인스티튜트 오브 아트 (46쪽)
피테르 브뢰겔 〈농민의 춤〉 1568년, 목판에 유화, 164×114cm, 빈 미술사박물관 (47쪽)
피테르 브뢰겔 〈사육제와 사순절의 싸움〉 1559년, 목판에 유화, 164.5×118cm, 빈 미술사박물관 (49쪽)
피테르 브뢰겔 〈뚱뚱한 사람들의 부엌〉 1563년, 동판화, 29.5×22.2cm, 뉴욕 메트로폴리탄 박물관 (52쪽)
피테르 브뢰겔 〈홀쭉한 사람들의 부엌〉 1563년, 동판화, 28×20.3cm, 옥스퍼드 애슈몰린 박물관 (53쪽)

농민의 결혼 잔치
브뤼겔의 그림에서는 차분하고 평온한 인물을 좀처럼 찾기 어려워. 다들 뭔가에 정신을 쏟고 있거나 서로 어울려 소란을 피우면서 종횡무진으로 돌아다니지. 브뤼겔이 그린 〈농민의 결혼 잔치〉라는 그림은 얼핏 보면 대체 이게 무슨 광경인가 싶어. 맨 먼저 눈에 들어오는 건 엉거주춤하게 뭔가를 나르고 있는 남자의 모습이야. 청회색 옷에 앞치마를 걸친 남자와 붉은색 옷을 입은 남자가 죽이 담긴 그릇들

신랑과 신부는 어디 있을까?

을 나르고 있어. 그런데 그릇을 나르는 커다란 널빤지는 문짝이네. 어딘가의 문짝을 떼어 내서 쟁반처럼 쓰고 있는 거야. 사람들은 긴 테이블에 줄줄이 앉아서 음식을 먹고 있고 테이블 가까이에 두 사람이 서서 백파이프를 연주하며 흥을 돋우고 있어.

우리나라에서 결혼을 할 때는 식장에서 예식을 올리고 식당으로 장소로 옮겨서 음식을 먹지. 사실 결혼식 때 하객들에게 식사를 대접하는 건 먹을 것이 풍족하지 않았던 시절에 비롯된 관습이야. 평소에 넉넉하게 먹지 못하니까, 잔치가 있으면 모두 모여 마음껏 먹고 마시며 즐기자는 것이었지. 이는 동양이나 서양이나 마찬가지였어.

그림 속 사람들은 왁자지껄 떠들며 음식을 먹고 있어. 숟가락으로 음식을 떠 넣는 모습도 보이고 손가락을 빨고 있는 아이도 있어. 먹기 위해서 사는 것처럼 보일 정도야. 물론 다른 그림을 보면 일을 하거나 노느라 정신이 없을 때도 있지만 일단 먹을 것이 앞에 있으면 눈을 번득이지. 이 그림에서도 테이블에 앉아 있거나 곁에 서 있는 사람들은 새로 가져온 죽 그릇을 보고 눈이 동그래지는군. 백파이프를 연주하던 사람도 눈을 빛내고 있네.

브뢰겔의 그림을 보면 모자에 숟가락을 꽂고 있는 사람들이 종종 보여. 이뿐만 아니라 칼을 차고 다니는 사람들도 많아. 칼은 몸을 지키기 위한 것이기도 하지만, 그때그때 음식을 먹기 좋게 자르기 위한 것이지. 음식이 보이면 손으로 집어 먹거나, 너무 크면 칼로 잘라 먹고, 죽 같은 건 모자에 꽂았던 숟가락으로 떠먹는 거지. 말하자면 사람들은 어디서나 먹을 게 눈앞에 나타나면 바로 먹어 치울 수 있도록 준비를 하고 다녔어.

사진을 이용해 결혼식 장면을 꾸며 보았어.

준비물
결혼식 사진, 도화지, 채색 도구, 각종 꾸미기 재료

〈농민의 결혼 잔치〉에서 신부는 눈을 감고 두 손을 모으고 앉아 있고 손님들은 먹는 데만 신경을 쓰고 있어.

요즘 결혼식은 브뢰겔의 그림 속 풍경과 많이 달라 보여. 떠들썩하게 먹고 춤추는 대신 멋진 턱시도를 입은 신랑과 웨딩드레스를 입은 신부가 하객들 앞에서 결혼을 약속하지. 하지만 두 사람을 축하하기 위해 모인 사람들의 마음은 똑같을 거야. 부모님의 결혼식 사진도 한번 찾아봐. 부모님의 모습에서 행복이 느껴지지?

결혼사진을 이용해 콜라주 작품을 만들어 보자. 사진에 나오지 않은 장면을 상상해서 꾸며 보는 거야. 행진하는 신랑 신부 사진을 도화지에 붙이고 그 옆에 박수를 치고 축하해 주는 사람들을 그려 넣자. 화려한 꽃과 축포도 붙이니 더 멋진 결혼식 장면이 되었어.

콩 임금   브뢰겔의 그림에는 음식을 먹는 사람들이 종종 등장하는데, 이 점이 꽤 특이해. 이전까지 화가들은 음식을 먹는 모습을 그리지 않았어. 다시 말해, 식탁에 음식이 차려져 있고 그 앞에 사람들이 앉아 있는 장면까지는 그렸지만 사람들이 음식을 손으로 집어 입에 넣는 모습은 그리지 않았지. 그런 장면을 그려서는 안 된다고 누군가가 정해 놓은 건 아니었지만 그것 말고도 그릴 건 많다는 것처럼 말이야. 음식을 먹으면 우리는 용변도 보지. 브뢰겔의 그림에는 구석에서 용변을 보는 사람도 보여. 이 시절에는 공중화장실이라는 게 없었으니 다들 적당히 사람들의 눈을 피해 일을 봤지. 사람이 먹고 마시고 용변을 보는 건 자연스러운 일이지만, 화가들은 이런 모습을 그대로 그리는 걸 피했어. 경건하고 점잖은 모습만을 그림으로 그려야 한다고 생각했거든. 그래서 대부분의 그림은 성경에 나오는 이야기 속 성자들과 예수의 모습을 그린 것이었어. 하지만 브뢰겔은 먹는 행위가 중요한 만큼 마땅히 이런 장면까지도 그려야 한다고 생각했지.

이후로 화가들은 사람들이 왁자지껄하게 먹고 마시는 모습을 그리기 시작했어. 브뢰겔보다 50년쯤 뒤에 활동했던 플랑드르의 화가 야코프 요르단스(Jacob Jordaens 1593~1678)는 〈콩 임금〉이라는 그림을 그렸어. 신년을 맞아 축제를 즐기는 장면이지. '콩 임금'은 당시에 플랑드르에서 사람들이 새해를 맞아 즐겨 했던 놀이야. 유럽에서 1월 6일은 막 태어난 예수를 보러 동방 박사들이 찾아온 날을 기념하는 '공현제'거든. 사람들은 먹고 마시면서 '콩 임금' 놀이를 했어. 케이크 반죽에 콩을 한 알 넣어 구운 다음 케이크를 나눠 받은 사람들 중에서 콩이 나온 사람이 그날 왕

노릇을 하는 거야. 그림에서 왕관을 쓰고 있는 볼이 통통한 아저씨가 오늘의 '콩 임금'이야. 왕이 있으면 왕비와 여러 신하들도 있어야겠지. 벌써 옆에 왕비를 앉혀 놓았네. 모두들 술잔을 들고 왕을 위해 건배를 하고 있어. 이런 와중에 누군가는 곁에 앉은 여자의 볼에 입을 맞추려고 하고 누군가는 술을 너무 많이 마신 탓에 토하고 있네. 그야말로 난리법석이군.

오늘만은 당신이 왕이에요.
콩 임금님 만세!

보고만 있어도
몸이 들썩거려.

춤추는 사람들 한바탕 먹고 마신 다음에는 몸을 흔들어야지. 〈농민 결혼식의 춤〉은 농민들이 서로 어울려 춤을 추는 그림이야. 남자와 여자가 짝을 지어 발을 앞으로 딛었다가 뒤로 물러섰다가, 뱅뱅 돌면서 춤을 추고 있어. 구석에서는 백파이프로 음악을 연주하고 있고 틈을 봐서 입을 맞추는 남녀도 보이는군.

　브뢰겔은 이것과 비슷한 그림을 또 그렸어. 〈농민의 춤〉이라는 이 그림

에는 앉아서 술을 마시는 사람과 뛰어다니면서 춤을 추는 사람이 함께 등장해. 맘껏 마시고 춤출 수 있으니 이보다 더 좋을 수 있을까? 왼편에서는 술을 한잔 걸치고 코가 빨개진 남자가 주정을 부리는 것처럼 보여. 왼편의 테이블 앞쪽에는 치마를 입은 두 사람이 마주 보고 있는데, 얼핏 보면 엄마와 아이 같아. 그런데 엄마라고 하기에는 곁에 있는 다른 사람들에 비해 덩치가 너무 작아. 사실은 어린 자매를 그린 거야. 그런데 우리

먹고 마시고 춤추고······ 놀기도 바쁘지.

가 흔히 어린이라고 생각할 법한 옷차림은 아니지. 이때는 아이들을 작은 어른이라고 여겼고 아이들에게 특별한 보살핌이 필요하다는 생각이 없었어. 그래서 어른과 다름없는 모습으로 그린 거지.

당시의 그림을 보면 여자들은 늘 앞치마를 두르고 있어. 앞치마는 일할 때나 두르는 것이라고 생각하지만 이 시절에는 평소에도 앞치마를 둘렀어. 앞치마는 행주와 수건, 손수건의 역할을 했거든.

사육제와 사순절의 싸움 기독교에서는 대략 4월 초에 십자가에 못 박힌 예수가 부활한 부활절을 중요하게 보내. 그런데 예수가 십자가에 못 박힌 날부터 거슬러 40일 동안을 '사순절'이라고 부르는데, 예수가 겪었을 고통을 떠올리며 절제하면서 보내는 전통이 있었어. 이 기간에는 음식을 적게 먹었고, 맛있는 음식을 먹으면 안 된다고 생각해서 고기나 달걀, 우유 같은 건 먹지 않았어. 누룩이 들어가지 않은 빵과 생선은 먹을 수 있었어. 하지만 누룩을 넣지 않고 구운 빵은 부풀어 오르지도 않고, 금방 딱딱해지지. 이런 음식들을 먹으면서 경건하게 지내는 거야.

그런데 사순절에 앞서 사육제라는 축제 기간이 있었어. 사순절 이전에 사나흘, 혹은 일주일 정도 마음껏 먹으면서 즐겁게 지내는 축제야. 사순절과는 반대로 사육제 기간에는 뭐든지 먹고 마실 수 있었지. 축제를 가리키는 '카니발'이라는 말은 바로 사육제를 의미해. 이렇게 사육제와 사순절이 연달아 있다는 게 뭔가 정신이 없어 보이긴 하지. 이런 축제들은 오랜 세월에 걸쳐 이어져 내려온 것이기 때문에 복잡하고 일관성이 없는

내 고기 꼬치를 받아라! 내 청어를 받아라!

경우가 많아.

 브뢰겔의 〈사육제와 사순절의 싸움〉은 이런 두 가지 반대되는 풍습을 따르는 사람들의 모습을 그린 그림이야. 마을이 몹시 어수선한데, 광장 앞쪽에 두 무리의 사람들이 왼편과 오른편에서 다가와 한복판에서 딱 만나고 있어. 왼편에는 커다란 술통을 탄 뚱뚱한 남자가 이끄는 무리가, 오른편에는 교회에서 쓰는 의자에 앉아 생선 두 마리를 앞으로 쭉 내민 나이 든 여자가 이끄는 무리가 보여.

 왼편 사람들부터 볼까? 다들 먹을 것을 챙겨 들고 있어. 이들이 가진 먹을거리 중에 와플이 보여. 와플이 오늘날과 같은 형태의 달콤한 빵이 된 건 18세기 영국에서부터였지. 하지만 중세부터 벨기에 지역에서는 와플을 널리 먹었고, 특히 사육제 때 먹는 음식이었어. 그림 왼편 아래쪽 구석에서 주사위 놀이를 하는 남자는 와플을 마치 모자처럼 둘러쓰고 있네. 주사위 바로 옆에도 와플이 놓여 있어.

 행렬의 앞쪽, 술통을 탄 사람의 모습이 가관이지. 손에 든 꼬치에는 돼지 머리와 닭이 꿰어 있는 데다 소시지까지 대롱대롱 달려 있어. 술통 앞쪽에는 보란 듯이 돼지 넓적다리가 칼에 꽂혀 있어.

프레첼

 맞은편의 생선을 내민 행렬은, 의자에 앉은 여자를 비롯하여 모두가 비쩍 마른 모습이고, 딱딱한 빵을 씹고 있어. 의자 곁에 프레첼이 보이는군. 이때까지만 해도 프레첼은 심장 모양으로 생겼다고 해서 경건하게 먹는 음식이었어.

딱 봐도 알 수 있듯이 왼편의 행렬은 '사육제'를, 오른편의 행렬은 '사순절'을 의미해. 이들은 서로를 향해 먹을 것을 마치 창처럼 내밀며 다가서고 있어. 중세 기사들이 했다는 마상 창 시합 장면을 연상케 하지. 하지만 기사들의 시합과는 달리 상대방을 진짜로 찌르거나 넘어뜨리려고 하지는 않는 것 같아. 단지 흉내만 낼 뿐이지.

그림은 전체적으로도 크게 반으로 나뉘어. 왼편은 사육제를 즐기는 모습이 담겨 있고, 오른편은 경건한 사순절의 분위기를 풍기지. 왼편에는 술집이 있고, 오른편에는 교회가 보이네. 술집 앞에서는 사람들이 흥청거리고, 교회에서는 이제 막 예배가 끝났는지 사람들이 나와서는 교회 앞에 자리를 잡은 거지들에게 적선을 하는군.

'사육제와 사순절의 싸움'은 '사육제 소시지와 사순절 청어의 싸움'이라고도 해. 그런데 어떻게 사육제와 사순절 행렬이 같은 장소에서 만난 걸까? 이날은 사육제의 마지막 날인 '참회의 화요일'이야. 이제 즐거움은 끝나고, 절제해야 하는 때가 온 거야.

브뢰겔의 그림은 방탕한 삶을 경계하고, 경건하고 절제하는 삶을 살라는 교훈을 담고 있다고 해. 우리는 그런 삶을 꿈꾸면서도 때때로 방종에 빠지지. 이 두 가지 면이 모두 우리의 모습이야. 어느 한쪽을 아예 없는 것처럼 여길 수도 없고, 무시할 수도 없어.

닮았지만 다른 그림 〈뚱뚱한 사람들의 부엌〉이라는 그림을 볼까? 부엌에 있는 사람들은 모두 배와 볼이 빵빵하지. 만족스럽게 먹고 마시

뚱뚱한 사람들의 부엌

며 즐거워하는 것 같아. 그런데 누군가 입구로 들어오려고 해. 부엌에 있는 사람들과는 달리 비쩍 마른 사내로군. 맛있는 냄새를 맡고 들어온 것 같은데, 뚱뚱한 사람들은 이 사람을 쫓아내고 있어.

다음 그림은 〈홀쭉한 사람들의 부엌〉이라는 그림이야. '뚱뚱한 사람들의 부엌'과 함께 보도록 그린 그림이지. 부엌에 있는 사람들은 모두 빼빼 말랐어. 얼마 안 되는 음식을 아껴 먹고 있지. 이번에는 뚱뚱한 사람이 이쪽 부엌 입구로 들어왔어. 이 사람도 쫓겨나는 걸까? 쫓겨나기는커녕 제 발로 나가려고 하는군. 그런데 홀쭉한 사람들은 뚱뚱한 사람들과는 달리, 자기들의 부엌에 들어온 이 뚱뚱한 사람을 붙잡으려고 해. '이리

홀쭉한 사람들의 부엌

와서 함께 드십시다' 하고 말하는 것 같아. 먹을 것이 차고 넘치는 사람들은 다른 이들에게 조금도 나눠 주려 하지 않고, 정작 먹을 게 많지 않은 사람들은 그것마저도 나눠 먹으려 하지. 하지만 이런 선의가 상대방에게는 달갑지 않은 것 같아. 홀쭉한 사람들의 부엌에 잘못 들어온 뚱뚱한 사람은 얼른 나가려고 해. 마치 지저분하고 고약한 곳에 들어와서 불쾌하다는 것처럼 말야. 마음껏 먹는다고 영혼이 풍요롭지는 않다는 것을 보여 주는 그림이야.

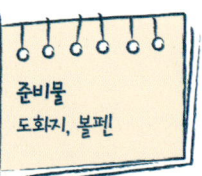
준비물
도화지, 볼펜

〈뚱뚱한 사람들과 홀쭉한 사람들의 부엌〉은 동판화 작품이야. 직접 그렸다고 해도 이렇게 섬세하게 표현할 수 있을까 싶을 정도로 세밀한 부분까지 잘 그려져 있어. 판화로 이런 작품을 완성하기까지 아주 많은 시간이 걸렸을 것 같아.

뚱뚱한 사람들은 음식을 나눠 먹지 않으려고 입구에서 사람을 내쫓는데 홀쭉한 사람들은 뚱뚱한 사람도 붙잡아서 음식을 나눠 먹으려 해. 브뢰겔은 이 그림에서 풍족한 사람들이 마음까지도 풍족한 것은 아니라는 것을 이야기하고 싶었대.

우리도 이 그림처럼 반대되는 이미지를 그려 보자. 볼펜을 이용해서 동판화처럼 섬세한 판화의 느낌을 주는 거야. 짧은 선을 여러 번 겹치면 명암을 표현할 수 있어. 홀쭉한 사람들 앞에는 음식이 가득한 식탁을, 뚱뚱한 사람들 앞에는 음식이 조금만 차려진 식탁을 그려 보는 것은 어떨까? 생각이 이끄는 대로 자유롭게 작업을 해 보자.

부슬비 내리는 날과 태풍이 온 날

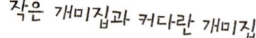
작은 개미집과 커다란 개미집

손만 뻗으면 맛있는 음식을 먹을 수 있는 사람과 음식을 먹기 위해 계단을 힘들게 오르는 사람

4

세상을 사는 지혜

■ 수록 작품

피테르 브뤼겔 〈네덜란드의 속담〉 1559년, 목판에 유화, 163×117cm, 베를린 국립미술관 (57쪽)
피테르 브뤼겔 〈작은 물고기를 잡아먹는 큰 물고기〉 1556년, 동판화, 29.5×22.6cm, 빈 알베르티나 미술관 (63쪽)
피테르 브뤼겔 〈농부와 새집을 뒤지는 사람〉 1568년, 목판에 유화, 68.3×59.3cm, 빈 미술사박물관 (64쪽)
피테르 브뤼겔 〈맹인이 맹인을 인도한다〉 1568년, 캔버스에 템페라, 154×86cm, 나폴리 카포디몬테 국립미술관 (66쪽)
피테르 브뤼겔 〈염세가〉 1568년, 캔버스에 템페라, 85×86cm, 나폴리 카포디몬테 국립미술관 (68쪽)
조르주 드 라 투르 〈점쟁이〉 1630년경, 캔버스에 유화, 123.5×101.9cm, 뉴욕 메트로폴리탄 박물관 (69쪽)
카라바조 〈카드 사기꾼〉 1594년, 캔버스에 유화, 131×94cm, 포트워스 킴벨 미술관 (70쪽)

네덜란드 속담 브뢰겔은 속담을 열심히 모았어. 당시에는 브뢰겔처럼 속담을 수집하고 정리하는 사람들이 꽤 있었어. 인쇄술이 발명된 지 얼마 되지 않아서 사람들은 재미있으면서도 교훈을 담은 읽을거리가 필요했거든. 브뢰겔은 이런 속담을 모아서 그림으로 그려야겠다고 생각했어.

속담에는 인간과 세상을 바라보는 지혜가 담겨 있어. 그런데 그 지혜

이 그림에는 백 개가 넘는 속담이 들어 있어.

도랑을 메우는 사람

엎지른 죽을 퍼 담으려는 사람

두루미와 여우

란 것이 꼭 도덕적으로 올바르지는 않아. 바르게 살다 가는 자기만 손해를 본다거나 세상살이가 녹록지 않으니 그때그때 적당히 때우면서 살아가면 된다, 괜히 나서다가 불똥이 튄다는 식의 내용도 많거든.

속담 그림을 자세히 살펴볼까? 한 남자가 삽으로 흙을 퍼서 도랑을 메우고 있네. 도랑에는 소가 빠져 있어. 정말 괴상한 노릇이군. 이 장면은 '소가 빠진 뒤에야 도랑을 메운다'라는 속담이래. 소가 지나가다가 빠지지 않도록 미리 도랑을 메워 두었어야 하는데, 소가 빠져 죽은 다음에야 뒤늦게 도랑을 메우고 있는 거야. 우리 속담의 '소 잃고 외양간 고친다'라는 말과 비슷한 뜻이지.

그 옆에서는 누군가가 땅에 쏟은 죽을 숟가락으로 뜨려고 하는군. '한번 엎지른 죽은 다시 퍼 담을 수 없다'라는 속담이야. 이 사람은 '내가 왜 이런 실수를 했을까' 하고 생각하는 것 같아. 이처럼 어떤 실수는 돌이킬 수 없어서 뒤늦게 후회해 봤자 소용이 없어.

'두루미와 여우' 이야기는 금방 알아봤겠지? 여우가 두루미를 초대해서 수프를 접시에 담아 내놓는 바람에 두루미는 하나도 먹지 못했고, 다음번에는 두루미가 여우를 초대해서 입구가 좁고 긴 병에 음식을 내놓는 바람에 여우가 쩔쩔맸다는 이야기야. 상대를 우습게 여겨 놀리려 들었다가는 똑같이 당하고 말지. 하지만 여우는 두루미를 곯려 줄 생각에 되갚음을 당할 거라는 생각을 못 했나 봐.

그림의 오른쪽 아래를 보면 남자가 한쪽 빵을 잡고 다른 빵으로 손을 뻗고 있네. 한껏 뻗어 보지만 손이 닿질 않고, 남자의 표정은 지치고 피곤해 보여. '하루 벌어 하루 먹고 살기도 힘들다'라는 속담이야. 오늘은 오늘 먹을 빵이 있어야 하고 내일은 내일 먹을 빵이 있어야 하는데, 먹을 것이 제때 생기지 않으면 꼼짝없이 굶어야 하는 상황을 보여 주는 장면이야.

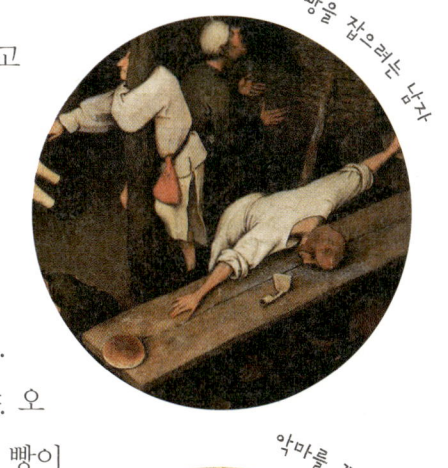

빵을 잡으려는 남자

흉측하게 생긴 악마를 천으로 꽁꽁 싸매는 아주머니도 있군. '악마도 아주머니에게는 꼼짝 못한다'라는 속담이래. 악마도 꼼짝 못한다니, 아주머니는 얼마나 무서운 존재인 걸까? 집에서 아내에게 기죽어 살던 남자들은 이런 식으로 은근히 아주머니를 조롱한 거야.

악마를 꼼짝 못하게 한 아주머니

강에서 물고기를 잡고 있는 남자의 모습이 보여. 그런데 자세히 보면 어처구니없어. 강물이 흘러 들어오는 앞쪽에 이미 누군가가 널찍하게 그물을 쳐 두었으니 그 뒤에서 작은 그물을 들고 고기를 잡으려 아무리 애를 써도 잡힐 리가 없지. '그물 뒤에서 고기를 잡는다'라는 말은 분별없이 어리석다는 뜻이야.

그물 뒤에서 고기를 잡으려는 남자

벽에 머리를 박는 남자

머리로 벽을 들이받는 이 남자는 대체 무슨 일을 겪은 걸까? 아무리 화가 나고 억울해도 이래서는 제 머리만 아플 뿐, 일이 해결되지 않아. 사람들은 생각이 모자란 경우 어리석은 행동을 하기도 하지만 주어진 상황이 너무 안 좋으면 생각이 멈추기도 해. 이 장면은 불가능한 일을 무모하게 하려는 것을 뜻한대.

이 그림 속에는 백 가지가 넘는 네덜란드의 속담이 담겨 있어. 한 장면씩 떼어 놓고 보면 매우 흥미로운데, 전체적으로 보면 요지경이야. 이 무렵 네덜란드 사람들은 그림을 보고, 숨은 뜻을 발견하면서 즐거워했을 거야. '집에 걸어 놓고 보면서 속담을 떠올리면 좋겠다' 하고 생각했을지도 몰라. 하지만 원하는 사람이 많더라도 그림을 사서 집에 걸어 둘 수 있는 사람은 한 사람뿐이었지. 그림 한 점을 완성하기 위해서 화가가 오랫동안 정성을 들여 그려야 했거든. 그래서 이 무렵에는 이런 그림을 판화로 만들었어. 판화는 같은 그림을 여러 장 찍어서 팔 수 있었으니까. 브뢰겔의 그림도 판화로 만들어진 경우가 많았어.

준비물
고무판, 우드락, 잉크, 롤러, 종이

브뢰겔의 그림은 판화로도 많이 만들어졌다고 했지? 우리도 그림 속에서 인상적인 한 장면을 골라 판화로 작업해 보면 재미있을 것 같아.

옛날에는 주로 동판화를 찍었어. 동판화는 구리로 만든 판에 직접 그림을 새기거나 약품으로 부식시키고 프레스를 사용해야 해. 하지만 고

무판을 이용한 고무판화나 우드락을 이용한 우드락판화는 쉽게 따라 할 수 있어.

고무판이나 우드락에 판화 작업을 할 때는 판에 새긴 그림의 좌우가 바뀌어 찍힌다는 점을 꼭 기억해야 해. 나중에 찍은 걸 보고 당황하지 않도록 스케치를 할 때 원하는 그림의 좌우를 반대로 그려 줘.

조각칼을 사용하기 어려우면 고무 판화보다는 우드락 판화를 해 보자.

원본 그림 그대로 판에 새겼더니 두루미와 여우의 위치가 바뀌었어.

우드락에 연필이나 볼펜으로 눌러서 그림을 그려 주면 쉽고 간단하게 판화를 찍을 수 있어.

한 번 그림을 새겨 판을 만들면 원할 때마다 여러 장의 그림을 얻을 수 있는 것이 판화의 장점이지. 이렇게 찍은 그림은 모두 똑같아 보이지만 그림 뒷면에 숫자를 써 두면 총 몇 장을 찍었고 몇 번째로 찍은 그림인지 알 수 있어.

고기를 잡으려는 남자

약육강식 〈작은 물고기를 잡아먹는 큰 물고기〉는 브뤼겔이 그린 그림을 판화로 만든 거야. 커다란 물고기가 잡혀서 물가에 놓여 있네. 이렇게 큰 물고기가 어디에 있으며, 어떻게 잡아 올린 걸까? 그림을 구석구석 뜯어보면 더욱 기이한 느낌이 들지. 물고기의 배를 가르는 사람은 몸에 맞지 않게 커다란 칼을 가까스로 들고 있어. 가른 배 사이로는 작은 물고기가 쏟아져 나오고 있어. 큰 물고기가 잡아먹은 물고기들이지. 그런데 작은 물고기들은 자신보다 더 작은 물고기를 입에 물고 있어. 그림 여기저기에는 발이 달린 물고기가 돌아다니고 날아다니는 물고기도 보여. 환상의 세계라는 느낌을 주지.

앞쪽에 떠 있는 배 왼편에 탄 두 사람은 아마 아버지와 아들인 것 같아. 아버지는 물고기를 가리키고 있어. 아버지는 아들에게 무슨 말을 하고 있을까? '세상을 움직이는 원리는 이처럼 비정하단다'라고 말하는 건 아닐까? 우리가 사는 세계는 이 그림 속 모습처럼 가난한 사람과 부자, 권력을 가진 사람과 권력을 갖지 못한 사람으로 나뉘어. 경쟁이 치열해질수록, 더 강한 힘을 가진 사람들, 더 많은 재산과 권력을 가진 사람들은 힘없고 가난한 사람들을 집어삼키지.

이런 세상을 가리켜 '약육강식'이라고 해. '약자는 잡아먹히고 강자는 잡아먹는다'라는 뜻이야. 이런 주제의 그림이 판화로 제작될 만큼 당시 안트베르펜은 불평등한 사회였나 봐. 이 그림을 보고 있으면 강자가 약자를 괴롭히고 억압하는 것이 세상의 이치라고 해도 이게 과연 옳은 일일까, 하고 묻게 돼.

큰 물고기는 작은 물고기를 먹고, 작은 물고기는 더 작은 물고기를 먹고……

나무에 매달린 사람을 비웃을 때가 아닐 텐데…….

어리석은 사람들 〈농부와 새집을 뒤지는 사람〉이라는 그림 역시 속담을 그린 거야. '새 둥지가 어디 있는지 아는 사람이 알을 차지한다'라는 속담이라고도 하고, '숲 속에 있는 열 마리의 새보다 내 손 안에 있는 한 마리의 새가 낫다'라는 속담을 그렸다고 생각하는 사람도 있어. 하지만 어느 쪽이든, 생각만 하지 말고 주저 없이 행동해야 이익을 얻을 수 있다는 의미를 담고 있어.

그림에는 두 사람이 보이는데, 뒤쪽 사람은 나무 위에 있어. 나무에 올라가서 새 둥지에 있는 알을 꺼내려는 거야. 하지만 머리에 쓰고 있던 모자가 훌렁 벗겨지는 모습이 위태로워 보여. 혹시라도 미끄러져 나무에서 떨어지기라도 하면 다칠 텐데……. 앞쪽에 크게 그려진 농부는 그런 뒷사람을 가리키며 느긋한 표정으로 걸어오고 있군. '기껏 알 한두 개를 얻으려고 저렇게 수고롭고 위험한 짓을 하나?' 하고 생각하나 봐.

그런데 그림을 자세히 보면, 이 사람도 그리 느긋해할만한 처지가 아니라는 걸 알 수 있어. 발밑의 개울을 전혀 보지 못하고 있거든. 이제 곧 개울에 빠지게 생겼어. 다른 사람을 비웃다가 정작 자신에게 닥친 위험은 알아차리지 못하고 있는 거지.

〈맹인이 맹인을 인도한다〉라는 그림은 맹인이 줄지어 걷다가 앞서 가던 맹인이 도랑에 막 빠지는 순간을 그렸어. 하지만 뒤쪽의 맹인들은 이 사실을 알지 못한 채 걸어오고 있어. 다음 순간에는 줄줄이 도랑에 빠져 뒤엉킬 텐데, 맹인들과 그림을 보는 사람 모두 속수무책이지. 브뢰겔의 작품 중에는 이 그림처럼 보는 사람을 안타깝게 하는 그림이 몇 점 있는데, 브뢰겔이 말년에 그린 그림 가운데 많아.

앞사람이 도랑에 빠지면
뒷사람들은 어떻게 될까?

어떤 사람은 '눈먼 이가 눈먼 이를 인도하면 둘 다 구덩이에 빠질 것이다'라는 성경 구절을 그림으로 옮긴 것이라고도 해. 그렇다면 그 구절은 무슨 의미일까? 간단히 말하자면 예수의 가르침을 알아듣지 못하고 형식에 얽매여 정작 중요한 것이 뭔지 모르는 이들을 '눈 먼 사람'이라고 한 거야. 형식만 중요시하는 학자와 종교 지도자들 또한 맹인인데, 그런 맹인이 사람들을 이끈다면 사람들이 올바른 길로 갈 수 없을 거라는 의미지.

그렇다면 브뢰겔은 예수의 말에 귀를 귀울여야 한다고 강조하기 위해 이런 그림을 그린 걸까? 브뢰겔은 그림에 분명한 메시지를 담지 않았고, 단서들을 숨겨 두었어. 그래서 그림을 보는 사람이 어떤 태도와 마음을 가지고 있느냐에 따라 여러 가지 의미를 읽을 수 있어. 그림을 보면서 깊이 생각할수록 얼마든지 더 풍성하게 읽어 낼 수도 있지. 그림을 봄으로써 세상 보는 눈을 키울 수 있고, 반대로 세상을 깊이 이해할수록 그림에서 더 많은 내용과 더 깊은 의미를 찾아낼 수 있어.

이 그림을 이렇게도 볼 수 있어. 브뢰겔이 살던 무렵에는 실제로 이 그림처럼 맹인이 맹인을 안내하며 다니는 모습을 쉽게 볼 수 있었어. 왜 맹인이 맹인을 인도할까? 아무도 맹인을 도와주지 않았거든. 옛날에는 신체에 장애가 있는 건 어디까지나 당사자의 문제라고만 생각했기 때문에 몸이 불편한 사람들은 아무런 도움도 받지 못한 채 먹을 것과 입을 것을 구하려고 이리저리 돌아다녀야 했지. 맹인들도 서로 의지하며 다닐 수밖에 없었어. 그러니 서로의 어깨에 손을 얹거나 지팡이를 붙잡고 줄지어 걸어 다녔고, 그러다 보면 이 그림에서처럼 도랑에 빠지는 일도 곧잘 일어났던 거야. 브뢰겔은 그런 사람들의 처지를 안타까워하는 감정을 그림에 담았을지도 몰라.

속이는 사람, 속는 사람

긴 망토를 걸친 노인이 걸어가고 있어. 그런데 노인 뒤에 젊은 사내가 다가와 지갑 줄을 끊고 있고 노인의 발밑에는 뾰족한 침이 놓여 있어. 노인은 무슨 일이 벌어지는지 알아채지 못하고 있지. 이 작품은 〈염세가〉라는 제목이 붙었어. 물론 이 그림의 분위기에 맞춰서 훗날 사람들이 붙인 제목이지. 그림 아랫부분에는 "이 세상을 믿을 수 없기 때문에 나는 상복을 입는다"라는 문장이 적혀 있어. 자기 작품에 제목도 붙이지 않았던 브뢰겔이 친절하게 이런 글까지 써 두었을 것 같지는 않아. 나중에 다른 사람이 덧붙인 것이겠지. 아마 사람들도 이 그림을 보면서 분명한 의미를 알 수 없어 답답했을 테니까.

그림 속의 노인은 검은 망토를 두르고 두건을 써서 얼굴 대부분을 가리고 있지만 길고 흰 턱수염이 보이지. 어깨는 약간 구부정하고, 볼과 코, 입매도 처져 있어. 도둑은 십자가가 달린 동그란 구체(球體) 속에 들어 있는데, 십자가가 달린 구체는 흔히 이 세상, 온 세상을 의미해. 앞서 본 브뢰겔의 속담 그림에도 이런 구체가 가끔 등장하지. '세상을 가지고 논다'라거나 '위아래가 뒤집혀서 그야말로 정신없는 세상이다'라는 말을 하고 싶을 때, 이런 구체를 그리는 거야. 요컨대 이 도둑은 세상이 노인을 어떻게 대하는지를 보여 주는데, 보다시피 세상은 노인을 속이고 있어. 브뢰겔은 무슨 이야기를 하고 싶었던 걸까? 세상을 등지고 꽁꽁 숨으려 해도 세상은 그를 찾

불행은 소리 없이, 이유 없이 찾아오지.

눈을 부릅뜨고도
속아 넘어가지.

아내서 괴롭힐 거라는 말일까?

　프랑스 화가 조르주 드 라 투르(Georges de La Tour 1593~1652)가 그린 〈점쟁이〉에도 남의 지갑을 훔치는 사람이 나와. 가운데 남자는 가장 오른편의 나이 든 점쟁이에게 점을 봐 달라고 돈을 건네고 있어. 그런데 얄궂기도 해라. 남자를 둘러싼 여자들은 왼편과 오른편에서 남자의 물건을 훔치고 있어. 하지만 남자는 그 사실을 전혀 알아차리지 못하고 있지. 나중에야 지갑을 털린 걸 알고 당황하겠지만, 적어도 지금은 기세등등할 뿐이야. 그림을 보는 우리도 남자에게 알려 줄 방법이 없지. 점쟁이는 남

모두가 속이려
들고 있어.

자의 미래에 대해 무슨 말을 해 주었을까?

이처럼 속고 속이는 그림으로는 카라바조(Michelangelo Merisi da Caravaggio 1573~1610)의 〈카드 사기꾼〉을 빼놓을 수가 없어. 순진하게 생긴 젊은 남자가 카드놀이를 하면서 자기 카드를 들여다보고 있군. 함께 카드놀이를 하는 다른 사람들이 자기 카드를 훔쳐보고, 숨겨 둔 다른 카드를 꺼내려는 건 눈치채지 못하고 있어. 카라바조는 이탈리아 사람, 드라 투르는 프랑스 사람, 브뢰겔은 네덜란드 사람이야. 저마다 다른 지역에서 활동하던 화가들이 왜 이 무렵에 모두 이런 주제의 그림을 그렸을까? 산업이 발달하고 사회가 복잡해지면서 이런저런 방법으로 남을 속이며 이득을 보는 사람들이 많아졌기 때문이지.

〈농부와 새집을 뒤지는 사람〉과 〈맹인이 맹인을 인도하다〉, 〈염세가〉는 눈앞에 닥칠 불행을 알아차리지 못한 사람들을 그린 그림이야. 맹인들은 도랑에 차례로 처박힐 것이고, 농부는 개울에 풍덩 빠지겠지. 망토를 걸친 노인은 침에 찔려 펄쩍 뛰어오를 것이고, 지갑을 잃어버렸다는 사실을 알고는 낙담하겠지. 이들은 잘못을 저지르지도 않았고, 남에게 해를 끼치지도 않았어. 그저 보질 못했고 알아차리지 못했을 뿐이야. 사실, 이들의 모습은 바로 우리의 모습이기도 해. 우리 딴에는 세상이 돌아가는 이치를 잘 알고 있다고 생각하지만 정작 큰 사건이 갑자기 벌어지면, 조금 전까지 아무것도 모르고 있었다는 걸 새삼 깨닫게 되지. 우리는 모두 앞날을 예측하지 못하고 살아가는 존재야.

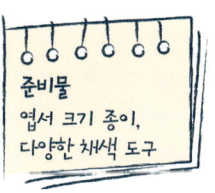

앞에서 보았듯이 브뢰겔은 속담을 그림으로 많이 그렸어. 속담은 세대를 넘어 삶의 지혜를 알려 주지. 우리도 우리나라의 속담을 간단하면서도 뜻이 드러나게 그려 보자. 한 장면으로 표현하기 어려우면 여러 장면을 이어 만화처럼 그려도 좋아. 친구들과 함께 다양한 속담을 그린 다음 각자 그린 그림을 한곳에 모아 붙여 보는 거야. 그리고 서로의 그림을 보면서 속담을 알아맞히는 게임도 하면 더 즐거운 시간이 될 것 같아.

강 건너 불구경

무슨 속담을 그린 건지 다 찾았니?

믿음에 대한 그림

■ 수록 작품

피테르 브뢰겔 〈바벨탑〉 1563년, 목판에 유화, 155×114cm, 빈 미술사박물관 (76쪽)
피테르 브뢰겔 〈베들레헴의 성모와 요셉〉 1566년, 목판에 유화, 164.5×115.5cm, 브뤼셀 왕립미술관 (80쪽)
로지에르 판 데르 바이덴 〈십자가에서 내리심〉 1435년경, 오크 목판에 유화, 262×220cm, 마드리드 프라도 미술관 (81쪽)
피테르 브뢰겔 〈십자가의 행렬〉 1564년, 목판에 유화, 170×124cm, 빈 미술사박물관 (83쪽)
퀜틴 마시스 〈환전상과 그의 아내〉 1514년, 목판에 유화, 68×71cm, 파리 루브르 박물관 (85쪽)

탑을 쌓아 올려라 브뢰겔은 성경에 나오는 이야기를 많이 그렸어. 성경은 먼 옛날 이스라엘 안팎에서 일어난 일들을 기록한 것이지만, 브뢰겔은 성경 속 이야기를 자신이 살았던 시대에 일어난 일인 것처럼 그렸지. 그림에 등장하는 장면은 당시 네덜란드와 벨기에의 모습이야. 브뢰겔이 살았던 시대에는 이스라엘의 건축이나 사람들의 차림새에 대해 잘 모르기도 했고, 옛 모습을 정확하게 그려야 한다는 생각도 별로 없었어. 성경의 이야기는 한때 지나간 일이 아니라 지금, 그러니까 그림을 그리고 감상하는 사람들이 살아가던 시대에 일어난 일과 다를 게 없었다고 생각했으니까.

《창세기》에는 사람들이 하늘 높이 솟은 탑을 만드는 이야기가 나와. 그런데 성경을 읽다 보면 옛날 사람들은 교만했던 것 같아. 신이 보기에 못마땅한 일을 늘 벌이고는 했지. 하늘까지 닿는 탑을 쌓으려 했던 것도 그런 일들 중 하나야.

옛날에는 돌이나 벽돌로 건물을 지었기 때문에 높은 탑을 쌓는 건 보통 일이 아니었어. 나무도 건축 재료로 쓰였지만 나무는 돌이나 벽돌에 비해서 견고하지 않아 높은 탑을 짓기에 적당한 재료는 아니었지. 하늘까지 닿는 탑을 쌓기 위해 그들은 오늘날보다 훨씬 힘든 공사를 해야 했어. 상상조차 힘들지만 탑은 꽤 높이 올라갔던 것 같아.

이걸 내려다본 신은, 분수를 모르고 신의 자리를 넘보는 인간들에게 벌을 내렸어. 사람들이 서로 다른 말을 쓰게 한 거야. 이때까지는 사람들 모두가 한 가지 말을 쓰고 있었다는군. 모두가 한 가지 말을 쓰다가 갑자기 서로 다른 말을 쓰게 되면 어떤 느낌일까?

구름에 닿을 만큼 높이 솟은 바벨탑의 모습

브뢰겔의 근거지였던 안트베르펜은 유럽 여러 나라의 상인들이 모이는 곳이었어. 거리를 걷기만 해도 브뢰겔의 귀에는 독일어, 이탈리아어, 프랑스어, 영어가 뒤섞여 들렸을 거야. 오늘날 우리가 명동이나 경복궁에서 외국인 관광객들에게 둘러 싸인 것과 비슷한 기분을 느꼈겠지.

탑을 쌓던 사람들은 조금 전까지 서로 이야기를 주고받던 상대방의 입에서 나오는 말을 알아들을 수 없게 되면서, 엄청난 충격을 받았을 거야. 한동안 무척 혼란스러웠겠지. 그러다가 조금 지나서는 모두가 말이 안 통하는 건 아니라 몇몇 무리로 나누어졌다는 것을 알게 되었고, 끼리끼리 모여서 떠나 버렸어. 짓다 만 탑만 덩그러니 남았다고 하는군. 이때, 쌓아 올리다 만 탑이 바로 바벨탑이고, 바벨탑이 있던 곳은 바빌론이라고 해.

그림에서 바벨탑은 도시 한복판에 우뚝 서 있어. 탑의 꼭대기는 이미 구름까지 닿아 있어 거대한 탑이 마치 도시 전체를 내리누르는 것 같은 느낌이지. 탑은 대부분 브뢰겔이 상상한 모습이고, 탑을 둘러싼 도시는 브뢰겔이 주로 활동했던 안트베르펜의 풍경이야. 당시의 화가들과 마찬가지로 브뢰겔은 먼 옛날의 사건과 이야기를 그린다고 해서 역사적으로 정확하게 묘사해야 한다고 생각하지 않았어. 자신이 살던 시절의 모습을 그리면서 이국적인 복장이나 풍물을 조금씩 그려 넣는 정도였지. 그 때문에 브뢰겔의 바벨탑 그림은 마치 중세 유럽의 도시 한복판에 고대의 탑이 솟은 것 같은 기묘한 느낌을 주지. 그림을 보면, 도시 바깥쪽으로는 평야와 완만한 산이 보이고, 도시 안쪽으로는 교회를 비롯한 건물들이 가득하군. 강에는 돌다리가 놓여 있네. 브뢰겔의 그림은 이처럼 당시의 모습을 짐작할 수 있는 자료가 되기도 해.

개미 떼처럼 사람들이 탑에 붙어 일하고 있어.

탑 앞쪽으로는 사람들의 모습이 보여. 돌을 자르는 작업장에서 일꾼들이 하던 일을 멈추고 누군가에게 공손하게 인사를 하고 있어. 신분이 높은 사람이 지금 막 작업장을 방문했군. 성경에는 이 사람이 바벨탑 건설을 명령한 '니므롯 왕'이라고 적혀 있어.

그림 오른편 항구에는 배가 여러 척 보이는데, 탑을 건설하는 데 필요한 자재들을 날라 온 것이지. 해안에 쌓아 놓은 자재는 마차로 실어 나르고 있네. 사람보다 큰 석재를 커다란 도르래로 끌어올리는 모습도 보여. 탑의 아래쪽, 옆구리, 그리고 이미 구름에 닿을 정도로 올라간 탑의 상층부에서까지 셀 수 없이 많은 사람들이 일하고 있어. 탑 구석구석에는 임시로 지어 놓은 목조 건물이 다닥다닥 붙어 있어. 이 안에는 공사에 필요한 도구를 넣어 두고, 일꾼들이 머물렀지. 당시 교회를 비롯해서 높은 건물을 지을 때 건설 노동자들은 이처럼 건물 중간이나 꼭대기에 임시 막사를 만들어 두고 생활하면서 건물을 지었어.

준비물
지점토, 이쑤시개, 나무젓가락 등

만약 브뢰겔이 오늘날 세계 곳곳에 세워진 고층 빌딩을 보면 얼마나 놀랄까? 아마 브뢰겔이 살았던 시대에는 건축 기술이 이렇게 발전하리라고 생각하지 못했을 거야. 너희들도 높이 솟은 탑을 만들어 보고 싶다는 생각을 한 적이 있니? 머릿속에서 그려 본 탑을 한번 만들어 보자.

이쑤시개와 나무젓가락 같은 단단한 재료로 탑의 골격을 만들고 그 주위를 지점토나 찰흙으로 감싸는 거야. 탑을 쌓는 일은 생각처럼 쉽지 않아. 탑이 기울어지지 않도록 균형을 잘 잡아야 하지. 또한 아래로 갈수록 넓게 만드는 것이 좋아. 탑의 무게를 지탱하는 바닥 부분이 튼튼하지 않으면 무너져 버리거든. 탑의 형태가 완성되면 물감으로 색칠도 해 보자.

절대로 무너지지 않을 나만의 바벨탑을 만들었어.

베들레헴의 성모와 요셉 브뢰겔은 그림에 주제를 숨겨 두곤 했는데 이 작품도 그런 그림 중 하나야. 저물어 가는 겨울날의 어느 마을을 배경으로 어른들은 얼어붙은 강 위를 오가며 물건을 나르거나 집을 짓고, 아이들은 여기저기 몰려다니면서 놀고 있는, 흔히 볼 수 있을 것 같은 풍경이지.

사실 이 그림은 성모 마리아가 베들레헴 마을에 왔을 때의 모습을 그린 거야. 이스라엘을 다스리던 로마 제국의 황제는 이스라엘 사람들의 인구 조사를 명했어. 명단을 정리해 쉽게 세금을 매기기 위해서였어. 사람들은 명령에 따라 이름을 등록하러 각자의 고향으로 돌아갔어. 임신한 마리아도 불편한 몸으로 남편 요셉과 함께 베들레헴으로 가야 했지.

브뢰겔은 자신이 살던 시대의 플랑드르 농촌 마을을 마치 베들레헴인 것처럼 그렸어. 화면 왼편 아래쪽, 여관 앞에는 사람들이 몰려들어 이름을 등록하고 세금을 내고 있어. 이렇게 많은 사람들이 마을에 갑자기 몰려왔으니 여관방이 남아날 리 없지. 마리아와 요셉은 머물 곳을 구하지

베들레헴에 도착한 성모와 요셉

못해서 마구간에 묵어야 했고, 그곳에서 예수가 태어났어.

화면 앞쪽에 푸르스름한 망토를 걸치고 나귀에 탄 여인이 마리아이고, 앞서 걷는 남자가 요셉이야. 요셉이 목수였다는 걸 나타내려고 톱을 들고 있는 모습으로 그렸지. 하지만 주변의 어느 누구도 이들이 누구인지 알아보지 못해. 오늘날 사람들은 예수의 탄생을 성대하게 축하하지만, 정작 예수가 태어나기 직전까지 아무도 예수에게 관심을 갖지 않았어.

십자가의 행렬 브뢰겔 이전의 화가들은 이러한 종교적인 내용을 어떻게 그렸을까? 아래 그림을 보면 십자가에 달려 숨을 거둔 예수의 시신을 내리고 있어. 푸른 옷을 입은 성모 마리아는 슬픔 때문에 몸을 가누지 못하고 실신하다시피 했고, 주변 사람들은 눈물을 뚝뚝 흘리며 성모를 부축하고, 예수의 시신을 수습하고 있어. 화가들은 '십자가에 달린 예수'라는 주제를 중세 이래 수없이 그려 왔고, 그러다 보니 몇 가지 형식도 생겼어. 예수를 못 박은 십자가가 세워지는 장면을 그린 그림, 예수가 십자가에 달린 그림, 그리고 이 그림처럼 숨을 거둔 예수의 시신이 내려지는 그림이야. 이때 등장하는 사람들도 어느 정도 정해졌지. 성모 마리아, 그리고 예수가 특히 사랑했던 사도 요한, 그리고 마리아 막달레나. 이 세

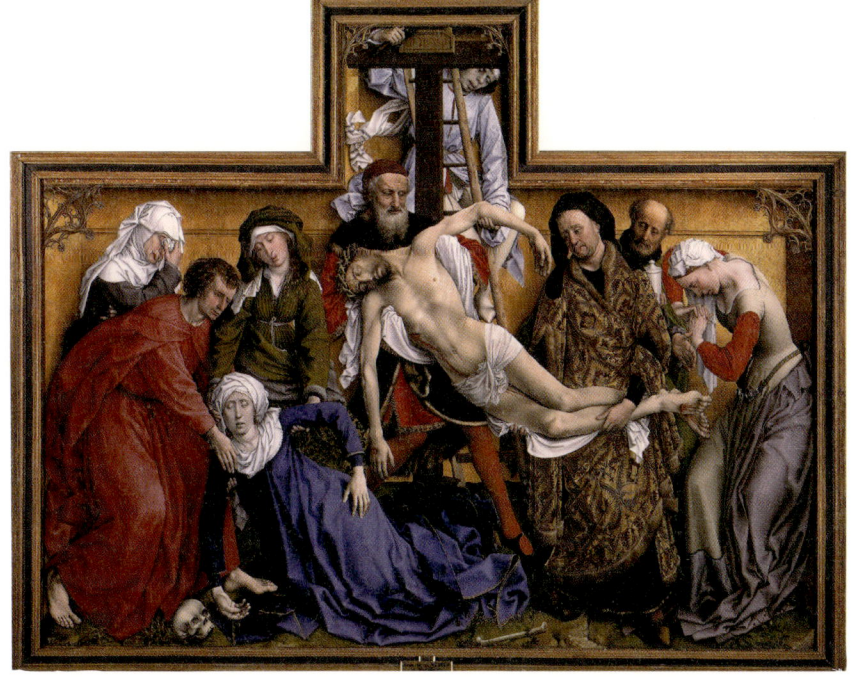

힘없이 늘어진 예수와
실신한 성모

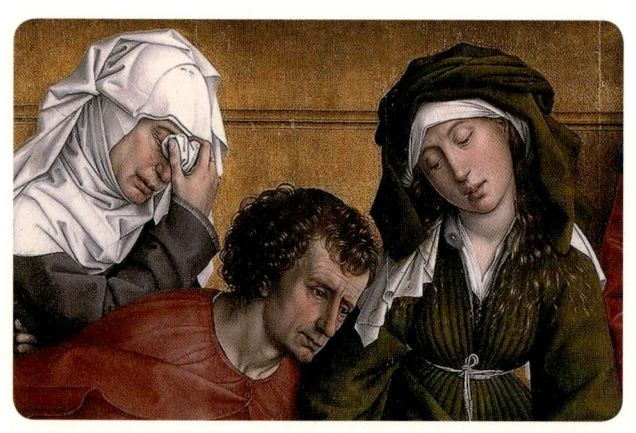

눈물이 구슬처럼
굴러떨어져.

사람은 대부분의 그림에 등장했고, 여기에 몇 사람이 더 추가되는 식이었지. 이 그림에서는 붉은 옷을 입은 남자가 사도 요한이고, 두 손을 맞잡고 눈물을 흘리는 여자가 마리아 막달레나야. 그림 구석에 해골이 보이지? 예수가 십자가에 달렸던 언덕 이름이 '골고다'인데, 이 언덕에는 하느님이 처음으로 만드신 인간, 아담이 묻혀 있다는 전설이 있어. 그림 속 해골은 바로 그것을 나타내기 위한 것이지.

이 그림은 로지에르 판 데르 바이덴(Rogier van der Weyden 1399~1464)이라는 화가가 그렸어. 그는 브뢰겔보다 백 년쯤 앞서 플랑드르에서 활동했어. 플랑드르에서는 예수나 여러 성인에 대한 그림이 많이 그려졌는데, 이러한 그림의 한 가지 특징은 화면 구석구석 세밀하게 묘사하는 것이었어. 슬퍼하는 사람들의 얼굴에서 또르르 굴러떨어지는 눈물, 그리고 이들이 입은 옷의 반들반들한 질감까지, 마치 손을 뻗으면 만져질 것처럼 실감 나지.

플랑드르에서 태어나고 활동했던 브뢰겔은 선배 화가들과 마찬가지로 예수의 삶을 비롯하여 종교적인 내용의 그림을 많이 그렸어. 하지만 브뢰겔의 그림은 이전 시대의 그림과는 분위기가 꽤 다르지. 예수가 십자가를 지고 고통받는 장면을 그린 브뢰겔의 그림을 볼까?

사람들이 무리를 지어 어딘가로 걸어가고 있고 화면 앞쪽에는 성모 마

이 넓은 벌판 어디에 예수가 있을까?

리아와 몇몇 사람들이 보여. 사도 요한과 마리아 막달레나라는 걸 알 수 있지. 이들은 예수가 십자가를 지고 골고다 언덕으로 향하는 것을 슬퍼하고 있어. 정작 예수는 이들 뒤로 조그맣게 보이는데 십자가를 멨다기보다는 거의 깔리다시피 한 모습이야.

오른편 저 멀리로는 좋은 구경거리라도 생긴 것 마냥 사람들이 모여들고 있어. 공터에는 두 개의 십자가가 서 있어. 예수와 함께 십자가에 달렸던 두 명의 강도가 각각 매달릴 십자가야. 두 십자가 사이에 예수가 메고 가는 십자가가 세워지겠지. 브뢰겔의 그림은 앞서 본 바이덴의 그림과 달리 특정 장면을 강조하거나 주제가 선명하게 드러나지 않아.

믿음보다 돈에 끌려 그런데 종교와 신앙을 둘러싼 사람들의 생각이 바뀌고 있었어. 중세 유럽에서는 기독교에 대한 믿음이 매우 강했고, 교리에 따라 매사를 생각하고 결정하는 경향이 있었는데, 시간이 흘러 도시와 상업이 발달하고 시민들의 신앙심은 조금씩 약해졌어. 그도 그럴 것이, 시민들은 태어날 때부터 귀족이었던 계급과는 달리 사업을 하고 가게를 꾸리면서 돈을 모았기 때문에, 돈을 벌면서 살림을 불리는 게 하느님 덕분이라기보다는 자신의 능력이라고 생각하게 된 거야.

아래 그림은 브뢰겔보다 조금 앞서 플랑드르에서 활동했던 퀜틴 마시스(Quentin Matsys 1466~1529)라는 화가가 그린 〈환전상과 그의 아내〉라는 그림이야. 남편과 부인이 나란히 앉아 있는데, 남편은 저울에 돈을 얹어 무게를 재고 있고, 부인은 기도서를 앞에 두고 있어. 환전상은 물건이나 귀금속을 맡아 놓고 돈을 빌려주는 사람이야. 비싼 이자를 받았기 때문에 돈을 많이 벌었지. 부인이 가지고 있는 기도서도 손으로 일일이 그린 그림이 실려 있고, 책장에 금을 바른 매우 화려한 책이야. 얼마 전까

눈은 자꾸만 반짝이는 것을 좋아가지.

지만 해도 신분이 높은 귀족만 이런 책을 가질 수 있었지만, 이제 귀족이 아니라도 돈이 있다면 살 수 있게 되었지.

중세 유럽에서는 돈을 빌려주고 이자를 받는 환전상 같은 이들을 업신여겼어. 인색하고 욕심이 많다고 생각했지. 하지만 이 그림에서 환전상은 자신의 일에 대한 자부심을 당당하게 보여 주고 있어. 원래 퀜틴 마시스는 교회의 의뢰를 받아 성경 속의 인물을 많이 그렸는데, 그런 화가에게 이 부부는 자신들의 초상화를 그려 달라고 주문한 거야. 돈을 다루는 일을 바라보는 사람들의 태도가 달라졌기에 가능한 일이었지. 그림 속에서 부인은 값비싼 기도서를 넘기면서 돈을 쳐다보고 있어. 어쩔 수 없이 돈에 눈길이 가는 게 인지상정일까, 아니면 '부자가 천국에 가는 것은 낙타가 바늘구멍에 들어가는 것보다 어렵다'라는 성경 문구를 떠올리고 있는 걸까?

퀜틴 마시스의 그림처럼 노골적이지는 않지만 브뢰겔의 그림은 사람들의 생각이 바뀌어 가는 흐름을 보여 준다고 할 수 있어. 사람들은 그림 속 성경과 성인들의 이야기를 보면서도 자신의 일과 살림에 대한 생각으로 머릿속이 복잡했을 거야.

상상의 세계

■ 수록 작품

피테르 브뢰겔 〈어린이들의 놀이〉 1560년, 목판에 유화, 161×118cm, 빈 미술사박물관 (89쪽)
피테르 브뢰겔 〈학교는 당나귀를 말로 바꾸지 못한다〉 1556년, 동판화, 30×23cm, 베를린 국립미술관 (92쪽)
피테르 브뢰겔 〈죽음의 습격〉 1562년경, 목판에 유화, 162×117cm, 마드리드 프라도 미술관 (94쪽)
림뷔르흐 형제 〈베리 공작의 귀중한 성무일과서〉 중 '지옥의 모습' 1413~1416년, 양피지에 템페라, 21×29cm, 샹티이 콩데 미술관 (95쪽)
피테르 브뢰겔 〈이카로스의 추락〉 1558년경, 캔버스에 유화, 112×73.5cm, 브뤼셀 왕립미술관 (97쪽)
피테르 브뢰겔 〈게으름뱅이의 천국〉 1567년, 목판에 유화, 78×52cm, 뮌헨 알테 피나코텍 (99쪽)

브뢰겔의 아이들 우리는 매일 이런저런 공상을 하지. 뭔가를 갖게 된다면 얼마나 좋을까, 공부를 하지 않아도 되면 무엇을 할까, 행복한 상상을 하기도 하고, 어디선가 들은 무서운 이야기를 떠올리며 끔찍한 상상을 하기도 해. 브뢰겔은 이런 공상 속 세계를 그림으로 표현했어. 얼핏 보기에는 황당하고 괴상한 그림처럼 보이지만 이 무렵의 사람들이 무엇을 바라고 또 어떤 것을 두려워하면서 살았는지 알 수 있는 소중한 자료들이지.

잔소리를 하는 어른들이 없으니 언제까지나 놀 수 있을까?

〈어린이들의 놀이〉라는 그림을 보자. 그림 속 아이들은 말타기를 하고, 주사위 놀이를 하기도 하고, 정신없이 뛰어다니지. 텔레비전이나 컴퓨터, 스마트폰이 없던 시절에 아이들은 시간을 지루하게 흘려보냈을까? 적어도 이 그림을 보면 그렇지 않아. 이 그림에는 어른들이 없어. 어른이 없는 세상이라니, 아이들에게는 이보다 더 좋을 수 없겠군. 골고루 먹어라, 공부해라, 하고 잔소리를 할 사람이 없으니까 말야.

그런데 브뢰겔이 그린 아이들의 모습은 묘한 데가 있어. 이때만 해도 아이는 '덜 자란 사람'일 뿐이었어. 아이들에게는 아이들만의 정서와 생각이 있다는 걸 몰랐지. 그런데 이렇게 보면 어떨까? 어른들의 마음속에 있는 아이들의 모습을 표현했다고 말이야.

굴렁쇠를 굴리는 아이

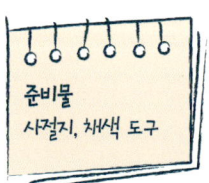

준비물
사절지, 채색 도구

〈어린이들의 놀이〉라는 그림을 미술 교과서에서 본 친구들도 많을 거야. 속담 그림과 마찬가지로 많은 등장인물이 나오지. 또 무려 90여 가지의 놀이가 이 그림 속에 들어 있다고 해. 이렇게 많은 놀이를 한 장면에 담았다니 참 대단한 것 같아. 그런데 자세히 보면 우리가 알고 있는 놀이들도 있어. 굴렁쇠를 굴리고, 말뚝박기를 하거나 공기놀이를 하는 모습도 보이거든. 우리가 알고 있는 놀이가 몇 가지나 되는지 한번 찾아볼까?

너희는 어떤 놀이를 하고 싶니?

만약 친구들과 운동장에서 마음껏 놀 수 있다면 어떤 놀이를 하고 싶니? 친구들과 함께하고 싶은 놀이를 그려 보는 거야. 브뢰겔처럼 큰 작품을 혼자서 그리기는 어려우니 합동 작품을 만들어 보자. 각자 도화지에 그림을 그리고 하나로 모아 연결되는 부분의 그림을 이어 주면 돼. 완성된 그림을 보면서 친구가 그린 놀이를 맞추는 것도 재미있을 거야.

브뢰겔은 학교에 있는 아이들도 그렸어. 그런데 아이들은 공부를 하는 대신 서로 뒤엉켜 있지. 아이들 사이에는 요정이나 괴물처럼 보이는 이

혼란스러운 학교의 모습

들도 끼어 있고 선생님을 향해 엉덩이를 내밀고 있는 아이도 있어. 서양에서 엉덩이를 내미는 동작은 상대방을 놀리는 의미를 담고 있어. 그런데 한복판에 앉아 있는 선생님은 개의치 않는 것 같아. 더욱 이상한 것은 뒤쪽 창문으로 나귀가 앞발을 내밀고 글을 읽는 시늉을 하고 있다는 점이야. 정작 학생들은 제대로 공부를 하지 않고, 나귀는 글을 읽는 것처럼 보이는군. 도대체 브뢰겔은 무슨 이야기를 하고 싶었던 걸까?

　당시에는 학교가 충분치 않아 여러 학년의 아이들이 한데 모여서 공부를 해야 했고 한두 명의 선생님이 아이들 전부를 보살펴야 했지. 당연히 학교는 혼란스럽고 시끄러울 수밖에 없었어. 학교는 공부하는 곳이라기보다는 아이들이 뒤엉켜 제멋대로 노는 곳처럼 보였지. 브뢰겔은 그런 모습을 보면서, 아마도 학교에서 대단한 걸 배울 수는 없다고 생각했을지도 몰라.

그림 하단에는 네덜란드어로 이렇게 쓰여 있어. '학교에 다닌다고 나귀가 말이 되지는 않는다.' 브뢰겔은 학교란 시끄럽고 무질서한 곳이며 어른들뿐 아니라 아이들도 어리석다고 말하고 있는 거지.

죽음의 습격 이번에는 다른 분위기의 그림을 보자. 뼈밖에 남지 않은 죽은 이들이 살아 있는 사람들을 습격하는 장면이지. 죽음의 군대가 갑자기 나타나 일사불란하게 사람들을 습격하고 있어. 땅바닥에는 이미 쓰러진 사람들이 보이고, 몇몇 사람들은 칼을 뽑아 저항해 보지만, 그리 오래 버티지 못할 것 같아. 특히 화면 오른편 아래쪽에 그려진 사람들의 모습이 인상적이야. 조금 전까지 먹고 마시면서 즐기고 있었던 것 같은 사람들이 이제야 죽음이 닥쳐왔다는 걸 알아차리고는 허둥지둥하고 있지. 음식이 담겨 있어야 할 접시에 해골이 놓인 걸 보고 깜짝 놀라는가 하면 이런 와중에도 악보를 보면서 악기를 연주하는 남녀 곁에는 어느새 해골이 나타나 합주를 하고 있어.

곳곳에 연기가 피어오르고, 죽음의 군대는 사람들을 쫓아가고 있어. 죽음은 이미 온 세상을 장악했어. 화면 한복판에는 관을 닮은 엄청나게 큰 상자가 열려 있고, 죽음의 군대는 사람들을 그 안으로 몰아넣고 있어. 이 상자는 저승으로 곧장 이어지는 길, 저승의 입구인 거야. 죽음의 군대

이 세상에 죽음의 손길이 닿지 않는 곳은 없어.

를 지휘하는 기사가 보이는군. 여윈 말을 타고 큰 낫을 휘두르고 있어. 큰 낫은 서양 그림에서 흔히 죽음을 의미해. 낫으로 풀을 베듯이 죽음은 때가 되면 나타나 인간의 목숨을 수확한다는 것이지.

브뤼겔은 왜 이처럼 끔찍한 그림을 그렸을까? 그림 속 사람들은 대체 무슨 죄가 있어서 죽음의 습격을 받는 걸까? 이 장면을 보면, 마치 세상의 마지막 날을 보는 것 같은 느낌이야. 당시 사람들은 세상에 종말이 오면 천국으로 갈 사람과 지옥으로 갈 사람이 결정된다고 생각했지.

화가들은 우리가 죽은 다음에 가게 될 천국과 지옥에 대해서도 많이 그렸어. 죄를 지은 자들은 지옥의 불구덩이에 떨어져 영원토록 고통을 받을 거라고들 생각했어. 반면 선한 사람들은 천국으로 올라가 하느님 곁에서 즐거움을 누린다고 믿었어. 하지만 천국으로 갈 사람이든 지옥으로 갈 사람이든, 죽음 그 자체는 피할 수 없어. 브뤼겔은 이처럼 모든 이에게 다가오는 죽음을 그린 거야.

중세 사람들이 상상한 지옥

바다에 떨어진 소년 이 그림은 브뢰겔의 작품 중에서도 조금 다른 느낌을 주지. 그래서 최근에는 브뢰겔이 아니라 다른 화가가 그린 게 아닐까 의심하는 이들도 있지만 일단 오랫동안 브뢰겔의 대표작 중 하나로 알려졌으니까 브뢰겔의 그림과 함께 보도록 하자. 앞서 여러 차례 본 대로, 이 그림의 주제는 화면 구석에, 대수롭지 않게 그려 넣었어.

이카로스는 그리스 신화에 나오는 소년이야. 이카로스의 아버지는 다이달로스라는 기술자인데, 갖가지 신기한 도구와 장치를 잘 만들기로 유명했어. 크레타 섬을 지배하던 미노스라는 왕은 다이달로스에게 한번 들어가면 빠져나올 수 없는 미궁을 만들라고 명령했어. 그런데 미노스 왕은 미궁이 완성되자, 다이달로스를 높은 탑에 가둬 버렸지. 아들과 함께 갇힌 다이달로스는 새의 깃털을 모아 밀랍으로 뭉쳐서 날개 모양으로 만들었어. 이 날개를 달고 새처럼 날아서 탑을 빠져나와 바다를 건너려고 한 거야. 다이달로스는 출발하기 전에 이카로스에게 신신당부했어. "너무 낮게 날면 바닷물을 머금어 날개가 젖는다. 너무 높게 날면 햇빛에 밀랍이 녹아 깃털이 흩어져 버린다. 그러니까 딱 가운데로 조심스럽게 날아야 한다."

하지만 하늘을 날게 되자 흥분한 이카로스는 아버지의 말을 잊어버리고 높이 날아올랐어. 결국 밀랍이 햇빛에 녹아내려 이카로스는 바다로 떨어져 죽고 말았어.

그림 속에 이카로스가 보이니? 주변의 사람들은 이카로스에게 관심이 없다는 듯 자기 일에만 몰두하고 있어. 맨 앞에 보이는 사람은 고개를 숙이고 밭을 갈고 있고, 그 아래쪽에 서 있는 양치기는 하늘을 멀거니 바라

평온한 풍경 어딘가에 이카로스가 떨어지고 있어.

첨벙!

보고 있지. 화면 오른편 아래쪽 구석에 물에 빠진 이카로스의 다리가 보이는군. 하지만 이내 이마저도 사라지겠지.

이카로스의 이야기는 인간의 과욕과 오만 때문에 벌어진 일이라고 해. 하지만 이카로스는 무모했다는 것 말고는 큰 죄를 저지르지는 않았어. 그럼에도 어느 누구도 알아주지 않는 쓸쓸한 죽음을 맞고 말았어.

낙원이 바로 여기에 세 사람이 빙 둘러 누워 있어. 다들 손 하나 까딱하지 않고 있군. 흰 윗옷을 입고 옆으로 누운 남자는 농부야. 도리깨를 깔고 누워 있네. 값비싼 털옷을 입고 팔다리를 쭉 펴고 누운 남자 옆에는 책이 놓여 있군. 이 남자는 학자고, 뒤쪽에 붉은 옷과 갑옷을 걸치고 누워 있는 남자는 군인이야. 이들 주변으로는 뭔가 좀 이상하기는 하지만 먹을거리가 가득 널려 있어. 학자와 농부 사이에 달걀이 있는데, 달걀의 윗부분이 뚜껑처럼 열려 있고 나이프를 담근 채, 두 다리로 뒤뚱뒤뚱 걸어와서는 '나 좀 드시오' 하는 모습이야. 학자 뒤쪽으로는 우유로 된 바다가 보여. 바다 곁에는 구름처럼 폴렌타(옥수수 죽)가 몰려들고 있고, 그 속에서 한 남자가 튀어나오는군. 우유 바다 앞쪽으로 돼지 한 마리가 보여. 이 돼지는 옆구리에 칼을 차고 있고, 등허리는 마치 칼로 베어 간 것처럼 움푹 파여 있네. 돼지를 만나는 사람은 누구나 옆구리의 칼을 뽑아 베어 먹으라는 것 같아.

앞서 살펴본 브뢰겔의 그림에서는 사람들이 먹을 것만 보면 사족을 못

일하지 않고 먹을 수 있다면 그곳이 바로 천국일까?

썼는데, 이 그림에 등장하는 세 사람은 먹을 것에 전혀 관심을 보이지 않네. 이미 너무 많이 먹어서 음식이 보기도 싫은 지경인 걸까? 꼼짝도 하지 않고 누워서 게으름을 피우고 있어.

옛날에는 모두가 부지런하게 살아야 한다고는 생각하지 않았고, 오히려 게으른 것이 미덕으로 여겨지기도 했어. 일을 적게 하거나 하지 않고도 편안히 살 수 있는 삶을 모두들 꿈꿨으니까.

일하지 않고도 마음껏 먹을 수 있는 이곳은 많은 사람들이 꿈꾸는 낙원이었어. 낙원은, 바꿔 말해 우리가 사는 세상이 아닌 어떤 곳이야. 그저 이 그림처럼 상상만 할 수 있는 곳이지. 결국 낙원은 우리 세상에 존재하지 않으니 이 세상에서 살아가는 우리는 게으름 피울 생각 말고 열심히 살아야 한다고 말하는 것 같아.

그림 속 세 명의 남자들은 정말 아무런 걱정 없이 편안해 보여. 음식을 잔뜩 먹고 배가 불러서 낮잠이라도 한숨 자고 있나 봐. 게으름이 미덕으로 여겨지는 시대에는 마음껏 게으름을 피울 수 있는 세상을 낙원이라고 생각했던 것 같아.

너희들이 생각하는 낙원은 어떤 모습이니? 각자 꿈꾸고 생각해 본 낙원의 모습을 그림으로 그려 보자. 어떤 곳이든 그곳에서는 무척 행복하겠지?

사방이 돈으로 가득해.

과자로 만들어진 집

꽃이 정말 아름다워.

    지금까지 본 것처럼, 브뢰겔의 그림 속에 담긴 세상은 일상적인 모습이기도 하고, 때로는 환상으로 가득한 신기한 모습이야. 하지만 그 안을 들여다보면 우리가 사는 세상과 다르지 않아. 우리 주변에도 나귀에 탄 성모 마리아처럼 중요한 사람이 있을 수 있고, 불쌍한 이카로스 같은 처지에 놓인 사람이 있을 수도 있어. 와당탕 도랑으로 빠지는 맹인처럼 위험에 처한 이들도 있을 거야.

    브뢰겔은 자신만의 독특한 주제에 몰두했거나 새로운 기법의 작품을 남기지는 않았어. 또한 그의 그림은 의미가 명확하지 않거나 교훈 역시 한 문장으로 정리하기는 어려워. 하지만 브뢰겔의 그림을 보고 있으면 눈에 잘 띄지는 않지만 하루하루 열심히 살아가는 사람들의 모습과 계절에 따라 변하는 자연 풍경에 마음을 빼앗기게 돼. 그게 바로 오늘날까지 그의 그림이 사랑받는 이유가 아닐까?

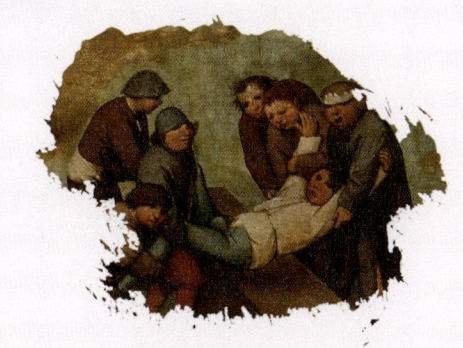

1. 브뢰겔의 발자취
2. 진솔한 삶을 담은 그림
3. 미술관에 놀러 가요

브뢰겔의 발자취

1525년과 1530년 사이 정확히는 알 수 없지만 이 무렵 브라반트 북부에서 태어남.

1545년과 1550년 사이 안트베르펜의 화가 피테르 쿠케 반 알스트 밑에서 견습생으로 일하면서 그림을 공부함.

1551년 안트베르펜 미술가들의 동업 조합인 '성 루카 길드'에 가입함.

1552년 프랑스를 거쳐 이탈리아로 여행을 떠남. 알프스 산맥의 풍경에 감탄함.

1553년 로마에 머물면서 미켈란젤로의 영향을 받은 그림을 그림.

1553년과 1556년 사이 알프스 산맥의 풍경을 소묘로 여러 점 그림.

1556년 〈작은 물고기를 잡아먹는 큰 물고기〉와 〈학교는 당나귀를 말로 바꾸지 못한다〉를 판화로 제작함.

1559년 〈사육제와 사순절의 싸움〉을 그림. 이 무렵부터 스페인의 지배를 받던 네덜란드인들이 스페인 군대의 철수를 요구함.

1562년 암스테르담을 여행한 뒤 브뤼셀에 정착함.

1563년 브뤼셀의 노트르담 드 라 샤펠 성당에서 스승인 피테르 쿠케의 딸 마이켄 쿠케와 결혼함. 〈바벨탑〉을 그림.

1564년 첫째 아들 피테르가 태어남. 〈십자가의 행렬〉을 그림.

1565년 사계절 연작 그림을 제작함.

1566년 〈베들레헴의 성모와 요셉〉을 그림.

1567년 스페인 국왕 펠리페 2세가 네덜란드로 알바 공작과 많은 군대를

보내 독립을 요구하는 네덜란드인들을 탄압함.

1568년 둘째 아들 얀이 태어남. 〈맹인이 맹인을 인도한다〉, 〈염세가〉, 〈농부와 새집을 뒤지는 사람〉 등 많은 작품을 제작함.

1569년 12월 5일 브뢰겔이 사망한 것으로 추정됨. 결혼식을 올렸던 브뤼셀의 노트르담 드 라 샤펠 성당에 묻힘. 네덜란드인들이 스페인에 대한 반란을 일으킴.

진솔한 삶을 담은 그림

 옛 화가들이 그린 풍속화를 통해 우리는 그림이 그려질 당시의 모습을 짐작할 수 있어. 스쳐 지나치기 쉬운 일상의 풍경과 사람들의 모습에 관심을 갖고 그림으로 남긴 화가들의 작품을 더 살펴보자.

헨드릭 아베르캄프
⟨겨울 풍경⟩
1608~1610년,
목판에 유화,
131.9×77.3cm,
암스테르담 국립미술관

 헨드릭 아베르캄프(Hendrick Avercamp 1585~1634)는 자신이 태어난 네덜란드의 겨울 풍경을 즐겨 그렸어. 그의 그림에는 사람들의 모습이 세밀하게 묘사되어 있어서 마치 움직이는 듯한 생동감을 느낄 수 있을 정도야. 그는 소리를 듣지 못하고 말을 못하는 장애를 가지고 태어났대. 하지만 뛰어난 관찰력으로 풍경과 집, 나무들을 사실적으로 그려 냈어. 그가 그린 ⟨겨울 풍경⟩을 보면 스케이트와 썰매를 타는 사람, 물건을 지고 지나가는 사람, 구경 나온 사람 등 다양한 모습의 사람들뿐 아니라, 17세기

장 프랑수아 밀레 〈키질하는 사람〉
1847~1848년, 캔버스에 유화, 71×100.5cm,
런던 국립미술관

장 프랑수아 밀레 〈이삭 줍기〉 1857년, 캔버스에 유화, 111×83.6cm, 파리 오르세 미술관

네덜란드의 생활 양식과 놀이 문화도 엿볼 수 있어.

우리에게 잘 알려진 장 프랑수아 밀레(Jean François Millet 1814~1875)는 노르망디 지방에서 농부의 아들로 태어났어. 그는 초상화가로 활동을 시작해서 파리 교외의 바르비종으로 이주할 무렵에 그린 〈키질하는 사람〉이라는 작품을 통해 비로소 '농부의 화가'로 알려지게 돼. 이후로는 평범한 농민들의 모습을 서정적으로 그린 작품을 많이 남겼어. 〈이삭 줍기〉라는 작품은 추수가 끝난 들판에서 허리를 숙여 이삭을 줍는 세 여인의 모습을 그렸어. 가난한 농촌의 모습을 보여주면서도 소박한 아름다움을 느끼게 해.

밀레는 오노레 도미에(Honore Daumier 1808~1879)의 그림에서 많은

오노레 도미에 〈삼등 열차〉 1864년, 캔버스에 유화, 90.2×65.4cm, 캐나다 국립미술관

영향을 받았다고 해. 도미에는 프랑스의 사실주의 화가이자 판화가야. 잡지에 왕정을 비판하는 그림을 실었다가 체포당해 감옥에 갇히기도 했지만 출옥한 후에도 계속해서 파리 시민들의 모습이나 법정, 열차 풍경 등을 그렸지. 수많은 풍자화를 통해 당시 19세기 프랑스 사회를 솔직하면서도 비판적으로 보여 주었어. 〈삼등 열차〉에는 고단한 삶에 지친 사람들의 모습이 사실적으로 그려져 있지. 아기를 안은 엄마와 바구니를 든 할머니, 할머니에게 기대 잠든 소년이 보여. 그 뒤로 보이는 사람들도 우울한 표정으로 흔들리는 열차에 몸을 맡기고 있어.

요하네스 베르메르
〈우유를 따르는 여인〉
1658~1661년경,
캔버스에 유화,
41×45.5cm,
암스테르담 국립미술관

    요하네스 베르메르(Johannes Vermeer 1632~1675)는 17세기 네덜란드를 대표하는 화가로 꼽혀. 남아 있는 작품은 많지 않지만 부드러우면서도 맑은 빛깔의 그림으로 유명하지. 〈우유를 따르는 여인〉은 부엌에서 하녀가 우유를 따르는 장면을 그렸어. 마치 우유 따르는 소리가 들릴 정도로 고요하고, 창을 통해 들어오는 빛이 여인을 신비롭게 감싸고 있어.

 풍속화라면 우리나라의 대표적인 화가인 단원 김홍도(1745~1806년경)의 작품도 빼놓을 수 없지. 그동안 아무도 관심을 가지지 않았던 서민들의 일상을 그려 모은 책이 바로 《단원풍속도첩》이야. 이 안에는 우리가 잘 알고 있는 서당, 씨름을 비롯해 서민들이 일하고, 놀고, 쉬는 모습을 생생하게 담았어. 그중 〈새참〉은 무더운 여름날, 새참을 먹는 사람들의 모습을 간결한 선으로 그렸어. 남자들은 여기저기 앉아 음식을 먹고 있고 한 여인은 아이에게 젖을 물리고 있지. 그 모습을 멀리서 개가 물끄러미 쳐다보고 있어.

김홍도 〈새참〉
18세기경,
수묵채색화,
26.7×39.7cm,
서울 국립중앙박물관

미술관에 놀러 가요

서울시립미술관   sema.seoul.go.kr   02) 2124-8800

예술의전당   sac.or.kr   02) 580-1300

경인미술관   kyunginart.co.kr   02) 733-4448

성곡미술관   sungkokmuseum.org   02) 737-7650

호암미술관   hoammuseum.org   031) 320-1801

국립현대미술관   mmca.go.kr   02) 2188-6000 (과천관)
        02) 3701-9500 (서울관)   02) 2022-0600 (덕수궁관)

국립중앙박물관   museum.go.kr   02) 2077-9000

경기도미술관   gmoma.or.kr   031) 481-7000

강릉시립미술관   gn.go.kr/mu   033) 640-4271

대전시립미술관   dmma.daejeon.go.kr   042) 602-3225

경남도립미술관   gyeongnam.go.kr/gam   055) 254-4600

부산시립미술관   art.busan.go.kr   051) 744-2602

포항시립미술관   poma.kr   054) 250-6000

대구미술관   daeguartmuseum.org   053) 790-3000

전북도립미술관   jma.go.kr   063) 290-6888

광주시립미술관   artmuse.gwangju.go.kr   062) 613-7100

제주도립미술관   jmoa.jeju.go.kr   064) 710-4300

※ 자세한 정보는 미술관의 인터넷 홈페이지와 전화를 통해 문의하시기 바랍니다.